LUCKVLONG 爱维龙媒
文化 成 就 企 业

中国化管理系列丛书

从卓越到中庸

中国化的管理智慧

段俊平 著

电子工业出版社
Publishing House of Electronics Industry
北京·BEIJING

图书在版编目（CIP）数据

从卓越到中庸：中国化的管理智慧 / 段俊平著 . — 北京：电子工业出版社，
2023.5

ISBN 978-7-121-45047-1

Ⅰ . ①从… Ⅱ . ①段… Ⅲ . ①企业管理－研究－中国 Ⅳ . ① F279.23

中国国家版本馆 CIP 数据核字（2023）第 024619 号

责任编辑：张振宇

印　　刷：北京盛通印刷股份有限公司

装　　订：北京盛通印刷股份有限公司

出版发行：电子工业出版社

　　　　　北京市海淀区万寿路 173 信箱　　　邮编：100036

开　　本：880×1230　1/32　　印张：9.25　　　字数：212 千字

版　　次：2023 年 5 月第 1 版

印　　次：2023 年 6 月第 2 次印刷

定　　价：78.00 元

前言

中国管理者必须学中国化管理智慧

管理是人类文明进程中的伴生物，人类社会几千年的文明史，其实也是一部管理活动的实践史和管理思想的发展史。在漫长的岁月中，人们积累了丰富的管理经验，总结了许多行之有效的管理原则。

企业管理的诞生和发展是与人类进入工业文明分不开的。18 世纪中叶，随着工业革命的诞生，西方社会的生产力得到了空前的提速，资本主义社会也迅速发展起来。1769 年，第一家现代企业在英国诞生，其管理模式主要是"人治"，即靠资本家个人的直觉和经验进行决策和管理。但随着企业规模的不断扩大和生产的日益复杂化以及人员的增加，最初的"人治"管理模式已不适应企业发展的需要，企业迫切需要一套更为先进和系统的管理模式，在这种情境下，西方古典管理理论诞生了。

提到西方古典管理理论，就不得不提美国管理学家弗雷德里克·泰勒（Frederick Winslow Taylor），他被誉为"管理理论之父"，是古典管理理论的奠基人。泰勒非常关注如何提高生产效率。这不但要降低成本和增加利润，而且要通过提高劳动生产率来增加工人的工资。泰勒对工人在工作中"磨洋工"的问题深有感触。他认为"磨洋工"的主要原因在于工人担心工作干多了就可能会使自己失业，因而他们宁愿少干活。泰勒认为生产率是劳资双方都忽视的问题，部分原因是管理人员和工人都不了解什么是"一天合理的工作量"和"一天合理的报酬"。此外，泰勒还认为管理人员和工人都过分关心如何在工资和利润之间进行分配，而对如何提高生产效率会使劳资双方都能获得更多报酬则一无所知。简言之，泰勒把生产率看作取得较高工资和较高利润的保证。他相信，应用科学方法来代替惯例和经验，可以不必多花费工人更多的精力和努力，就能取得较高的生产率。于是他提出企业管理一定要有科学化、标准化的理论。在其《科学管理原理》一书中，泰勒提出实施科学管理能够极大地提高生产效率，而高效率是雇员和雇主实现共同富裕的基础。因此，只有用科学化、标准化的管理替代传统的经验管理，才是实现高效率的手段。泰勒对科学管理作了这样的定义，他说："诸种要素——不是个别要素的结合，构成了科学管理，它可以概括如下：科学，不是单凭经验的方法。协调，不是不和别人合作，不是个人主义。最高的产量，取代有限的产量，发挥每个人最高的效率，实现最大的富裕。"这个定义，既阐明了科学管理的真正内涵，又综合反映了泰勒的科学管理思想。他主张员工的工作要定额，工资要按定额来计件发放，泰勒的管理思想把工人纯粹当成机器的一部分，他认为工人就是没有思想的只为报酬的"经济人"。

泰勒的科学管理的确帮助企业实现了高效率的管理目的，但是随着时间的推移，这种不顾企业员工感受仅仅把他们当作被管制、被约束的对象，忽视人的真情实感、自主性以及尊严的管理方式，受到了越来越多的质疑和挑战。在质疑和挑战中，以乔治·梅奥（George Mayo）的霍桑实验、亚伯拉罕·马斯洛（Abraham H . Maslow）的需要层次理论和道格拉斯·麦格雷戈（Douglas McGregor）的 X 理论、Y 理论为代表的现代管理思想诞生了，此阶段管理领域非常活跃，出现了众多的管理学派，被称为"管理理论的丛林"。总体来看，这些理论开始对人重视，如霍桑实验对员工"社会人"角色的发现，使管理思想由以"事"、以"物"为中心，慢慢转移到以"人"为中心，重视人的作用，改变了单纯依靠严格的制度进行强制管理的方法。

20 世纪 70 年代，随着日本和亚洲"四小龙"经济的快速崛起，西方管理学者对日本的管理模式产生了兴趣。美国管理学家威廉·大内（Willian Ouchi）对美日管理模式进行深入对比之后，提出了"Z 理论"。"Z 理论"倡导长期雇用、信任、亲密的人际关系等，对员工的定位从"经济人""社会人"转变为"文化人"，进而促进了管理理论的进一步发展。

西方管理科学和理论的研究已经达到了很高的水平，这极大地提高了劳动生产率，推动了资本主义经济的发展。但由于缺乏对管理目标和管理哲学的确切认知，以致管理中出现了许多危机。这些危机主要包括：兼并化危机、机械化倾向、功利性思想、道德意识沦丧、环境生态危机等。这些管理危机亟须一套更为完善的管理哲学和管理理论才能解决，而这种需求可以在中国传统文化和哲学中寻得真谛。

中华文化源远流长，浩渺深邃，儒家、道家、法家、兵家、墨家及佛家的思想精髓，其实就是最好的管理哲学。儒家以人为本、仁爱忠恕的伦理情操，道家顺应天道、上善若水的生命智慧，法家中人之治、法术势的管理之道，兵家运筹庙算、出奇制胜的谋略优术，墨家以财发身、尚贤贵义的商业操守，佛家知行合一、明心见性的心智修炼，这些都是人类管理智慧的灿烂结晶。中华哲学思想文化如同黄河、长江之水汩汩不断，养育了无数贤才能人、有识之士，中国历史上无数的伟人巨擘无一不是举世瞩目的管理大师。以中国古代管理思想和管理实践为代表的东方古代管理，在世界管理史上占有十分重要的地位。

国学经典《大学》的思想内容可总括为"三纲八目"："三纲"即"明德、亲民、止于至善"；"八目"即"格物、致知、诚意、正心、修身、齐家、治国、平天下"。"三纲八目"中蕴含的管理精髓简直振聋发聩，如在释"治国平天下"时，《大学》有言"仁者以财发身，不仁者以身发财"，意思是仁爱的人以财物提高自身德行和造福社会，达到立功、立言、立德的境界。不仁的人不惜以生命为代价聚敛财物，他们发财赚钱只为满足自身狭隘的欲望。这句话明确指出了企业经营的目的和意义。《道德经》有言"道常无为而无不为"，意思是管理之道在于无为而治。《中庸》有言"凡事豫则立，不豫则废"，《论语》有言"人无远虑，必有近忧"，《孙子兵法》有言"夫未战而庙算胜者，得算多也""多算胜，少算不胜，而况于无算乎！"则强调了谋划、战略和战术的必要。中华传统文化中，诸如此类的管理智慧比比皆是，无不一针见血地指出了经商之精髓、管理之根本。

西方管理学者也认识到了中国传统文化中所蕴含的管理思想的巨大魅力，开始积极地从中寻求管理之道。美国著名管理学家乔治在《管理思想史》中强调："你要想成为管理人才，就必须去读《孙子兵法》！"被誉为日本"经营之神"的松下幸之助，在回答"你的经营秘诀是什么？"时强调："我并没有什么秘诀，我经营的唯一方法是经常顺应自然的法则去做事。"松下幸之助的这种理念正契合老子"无为而治，道法自然"的哲学思想。1988 年 75 位诺贝尔奖获得者发表联合宣言，指出："21 世纪人类要生存，必须汲取两千年前孔子的智慧。"

然而，随着近代中国经济的没落和西方管理学的快速发展，中国企业大多是在西方模式下亦步亦趋，并没有形成自己独立的管理体系。中国传统文化与国学，被当作封建中国落后的糟粕而遭到批判。古代帝王的治国之道曾一度被看作封建统治阶级愚弄人民的手段而受到鄙弃，近代曾经辉煌的儒商被看作历史悲剧而遭冷落。而今中国企业发展的矛盾越来越多，阻力越来越大，许多管理问题正在慢慢显现：中国企业的平均生命周期仅为 2.5 年；企业文化缺失，商业道德欠缺；管理模式机械化、官僚化；战略目标混乱，核心竞争力疲软；资源消耗严重，发展与环境对立，组织生态恶化；等等。诸多问题的出现，不得不引起我们对中国企业管理困境的忧思。

西方的管理学是一种追求标准化、制度化的科学，有着注重逻辑、崇尚实证的理性精神，而这种精神是建立在西方独特的文化土壤之上的。从古希腊时期开始，西方就脱离了血缘纽带与农业社会形态，进入城邦文明，形成契约化与法治化的社会。近代资本主义社会更是建立了工业社会的模式，在此基础之上，创建了现代管理体制。而中国的传统文化与西方截然不同，在近代之前一直存在着血缘宗法制的直接影响，人伦道德与法律并存。在一个相对稳定并以血缘关系及其他关系为纽带的圈子里，人情关系甚至超越了契约关系。在中国人的骨子里，办事首先要有情感，其次要考虑其合理性，最后要看是否合法。所以中国人讲的是"情理法"并重，单纯用西方崇尚理性和规范的制度化管理理论显然不适用中国企业。因此，中国企业在学习西方的同时，必须要从中国传统哲学智慧中寻找适合自己的本土化管理方法。

纵观国内的成功企业，无一不是企业管理中国化的典范。例如，华为，并不是只靠一个《华为基本法》就解决了所有问题。它是把中国传统文化中的哲学思想与西方的管理理念结合在一起运用，才创造了华为的奇迹。华人经商成功的典范李嘉诚为什么会成功，他告诉记者他的秘诀是将中国传统文化中的哲学思想与西方科学化的企业管理理念有机地结合在一起，并在企业管理中加以运用。

由此可见，中国本土企业要想做好管理，就要追本溯源，沿着历史长河逆流而上，去采撷中国传统文化的珍宝，点缀我们集中西之长、纳古今之灵的"中国化管理"之树。在"知"与"行"的碰撞中，去追寻一闪而逝的真理火花——无数管理的学问汇聚起来，以知行合一的洪炉去锻造精炼，成就独属于中国人的管理之道。

以中国传统文化中的智慧构建出系统的管理体系，我们统称为中国化管理。中国化管理立足于国学根脉，以中国传统哲学思想和历史文化为依托，萃取儒家、道家、法家、兵家、墨家、佛家六家智慧，并吸取世界管理思想之精华，整合出适合中国企业自身特点的一整套管理理论。中国管理智慧以儒家思想为核心，以道家思想为哲学来源，利用法家思想的方法论和兵家思想的优术，在墨家思想的文化基因的影响下，并佐以佛家思想的有益补充，将中国传统管理哲学的精华和要素予以系统化，建立了严密的管理体系，将中国化管理推向了新的高度。

中国化管理理论提出了"以人为本、辩证治事、中庸和谐、道法自然"的管理理念，其中中庸思维下的"中庸"管理是中国管理智慧的核心。中国哲学中的"中庸"管理的智慧对中国企业家来说尤为重要。中国中庸思想告诫我们，人一定要在宇宙中遵守作为人的天性，不要走极端，要尊重自然的客观属性，不要违背宇宙间万物的规律，懂得恰到好处，并从大局出发，谋求行动体系和谐共处的状态或朝此种状态的方向行进。任何事情都要遵循其内在的发展规律，不要主观上为所欲为，与客观及自然规律相违背。

中国企业在改革开放四十多年里，有多少企业家及企业因为没有遵循客观规律，只重视经济效益却不顾现实社会的发展状况和需要而违背"中庸"管理哲学理念，导致了人生失败及企业消亡的比比皆是。可以说中国化管理理论弥补了西方管理思想重物不重人，重经济效益不重伦理道德的缺陷，也给中国企业家提供了一套指向基业长青的管理之道及平安的法则。可以说中国化管理理论是立足于中国历史文化，激活中国管理代码，运用中国传统管理智慧，在汲取诸子百家思想精华之上而建立起来的中国本土化的管理理论。它最符合中国企业的管理之道，也最符合中国人情理法并存的传统思维模式，还最符合中国特点和中国特色。中国企业家一定要学习中国传统文化中的管理智慧，只有这样，中国企业才能走出一条真正属于自己的、适合自己的管理之路，才能找到一条符合中国社会生态的成功之道，才能找到企业长青之道。中国企业家必须知道功成、名遂和身退的哲学涵义，也必须知道为而不争的管理行为学，还必须知道福祸相依的辩证哲学理念，这是有关企业基业长青和自身平安的必修课。

第一章

企业基业长青的秘诀

如何衡量一个企业的成功，这个问题有许多答案，有人说企业的资产规模，也有人说企业的利润额，还有人说企业的人数，其实衡量一个企业的成功标准以上因素只算得上是其中一个指标，更重要的指标是这个企业是否基业长青。一个规模再大，盈利再好的短命企业怎能说是一个成功的企业？我们以前熟知的一些在当时算得上成功的企业经过数十年，有的甚至几年，江湖上已没了踪影，曾经的柯达公司、诺基亚、摩托罗拉、步步高、三株口服液、三鹿奶粉等中外企业在当时都是名噪一时的所谓成功企业，到如今有的已消失，有的被兼并，有的已破产。难道这些也能称得上成功企业吗？所以衡量一个企业的成功不是单纯看它当时发展的规模，还要看这个企业的存活时间，那么如何使企业长青呢？曾经风靡一时的美国经济学家柯林斯在其《基业长青》书中给出了答案。但是他是从西方管理学角度上看问题，有些观点对东方企业，尤其是中国企业还不完全适用，我们应该从中国传统管理哲学智慧中去寻找答案，这样比较符合中国企业的实际情况。

第一节
恒大集团与海航集团带来的管理启示

2021 年是不平凡的一年，这一年新冠疫情继续肆虐，中国某些企业由于在前几年无节制地疯狂扩张，在所谓追求卓越的理念驱使下，不断通过银行及各种渠道进行融资，致使企业债务不断扩大，远远超过企业负债率的上限。在融资渠道收紧或经济环境不好的情况下，多年经营的企业无力再进行高额的融资，资金链断裂，出现了债务危机，一夜之间面临破产或倒闭的危险。中国恒大集团及海航集团就是其中的经典案例。

历经 20 多年的发展，恒大集团已成为中国甚至全球著名的房地产企业。2021 年 8 月 2 日《财富》揭晓的世界 500 强排行榜，恒大集团位列第 122 名，连续上榜 6 年，就是这么一个优秀的企业，现在却面临着巨大的危机。

我们知道恒大集团除了有恒大地产、恒大物业、恒腾网络、房车宝、恒大童世界、恒大健康以及恒大冰泉七个产业，还有一个斥巨资 450 亿元建造的恒大新能源汽车产业，八大产业，蔚为壮观。从这个规模来看，恒大集团的确是一家实力超群的企业。但从 2021 年 3 月 1 日开始，恒大系股票就开启了"跌跌不休"之路。中国恒大股价从 16 元 2 角降到了 2 元多一点儿（9 月份），降幅 80% 以上。恒大其他板块的股票也是一样，恒大物业及恒大新能源汽车产业，短短半年，股价降了 90%。恒大到底犯了什么禁忌？一个资产在 2 万亿元以上的企业怎会说垮就垮呢？虽然恒大号称资产 2.3 万亿元，在 280 多个城市拥有 1300 多个项目，但他的总负债达到了惊人的 1.95 万亿元，而且有 1.5 万亿元是流动性负债，需要在 2021 年还清。我们知道，所谓资产，包罗万象，并不单指现金，还包括土地、房产、股票、债券，甚至品牌价值，等等。对于恒大来说，其中最容易变现的是土地，然而，恒大土地储备虽多，但可惜的是，这些土地基本都在三四线城市，如今在以一二线为主的楼市，很难出手。另外，恒大的八大板块，除了地产板块在赚钱，其他板块都在亏钱，所以，这些资产并不容易变现。

以前，在融资环境很宽松的时候，恒大能从银行、债券市场取得大量融资，这是恒大近几年能够迅速扩张的根本，同时也是恒大有如此高负债风险的原因。然而，随着中国经济政策的调整，对于恒大这种资产负债率高于 100%，剔除预收款的资产负债率大于 70%，现金短债比小于 1 的高负债企业，国家及市场已经不允许其增加任何有息贷款，一个靠输血成长起来的巨人，输血一旦停止，其后果可想而知。

因此，从 2021 年开始，恒大很多包括商票等债务到期之后，却兑付不了，其已处于破产的边缘。恒大集团创始人许家印多年建立的商业帝国即将坍塌。

中国另一家知名企业，也是世界 500 强企业之一的海航集团已经重组及被拆分。

海航集团曾经以超过 400 亿美元的大手笔，在全球范围内，展开过一系列跨国并购，成为包括德意志银行和希尔顿在内的全球多家跨国企业的最大股东。在中国，2015 年百亿元级别的"年度十大并购案"中，就有三桩由海航主导。海航集团旗下曾经累计控制着 9 家 A 股上市公司、7 家港股上市公司，以及一家"A+H"上市公司。然而这个世界知名的企业在 2021 年的命运却是被分拆。而海航集团创始人陈峰于 1993 年拿着海南省政府 1000 万元拨款创造的商业奇迹也随着他银铛入狱而终结。海航集团的未来已经与他再无任何关联。

从恒大集团及海航集团的命运来分析，一个企业如何算得上成功，这个问题有许多答案。恒大集团及海航集团的企业资产规模可谓庞大，企业人数也很多，但他们是成功的企业吗？显然不是。那么衡量一个企业是否成功的标准是什么呢？

衡量一个企业成功与否更重要的两个标准就是这个企业是否能够基业长青和这个企业的创始人是否能善终。和前文描述的一样，一个规模再大，盈利再好的短命企业怎能说是一个成功企业？我们以前熟知的一些在当时算得上成功的企业经过改革数十年，有的甚至几年，江湖上已没了踪影。衡量企业成功的第二个标准看起来比较奇怪，但是在中国情境下，也是非常好理解的。中国改革开放才短短40多年，一个企业发展再强大，也超不过40年，当然这里主要是指民营企业。在这40年当中，中国企业是在一个市场经济规则及商业法规不太健全和完善中发展壮大的，由于法律及法规的不健全、不完善，所以企业家个人的道德约束力及管理和行为规范就起到了很大作用。企业家的道德约束力、思维及管理风格的不同，导致了企业在经营管理过程中的行为是否规范，所以很多企业家由于缺乏正确的道德观及价值观而走向了犯罪的道路，造成了企业的衰败。因此，企业家是否善始善终在中国是一个很大的问题，企业家是否平安也成了衡量企业是否成功的一个很重要的指标。我们知道的早些时期的红塔集团，曾经名噪一时，但由于褚时健的入狱而日趋衰败。还有国美的黄光裕，如日中天的国美由于黄光裕的犯罪，错过了中国互联网发展的最好时期。还有许多这方面的案例。衡量企业成功与否看企业的盈利及业绩固然重要，但是企业的存活时间即企业是否能基业长青及企业家的平安是衡量的两个很重要的标准。而这两个标准都是由企业的价值观及领导的价值观和道德约束力及领导的风格决定的。中国企业及中国企业家必须建立起适合自身企业和个人的价值体系及行为规范，以求基业长青及个人能平平安安。寻根溯源，这两个护身符其实归根结底就源于中庸管理理念。中国企业在很短的时间里不断壮大及崛起，由于赶上世界经济由传统模式向互联网数字经济转换的迭代时期，所以发展速度是其他国家的企业所没有的，但是一味地追求规模和扩张，即所谓的追求卓越，没有遵循中庸的哲学管理理念，结果使企业负债累累，终于出现资不抵债的局面，结果功亏一篑，海航集团破产及恒大集团债务风波就是典型的案例，还有企业家没有遵循中庸思想而招致灾祸的案例也举不胜举。伊利的创始人郑俊怀，把一个街道小厂发展成为一个世界闻名的乳业巨头，结果就是没有秉承中庸管理思想，排挤打压团队的功臣，结果造成了跟随多年并为企业立下汗马功劳的牛根生带领公司的骨干集体出走，创立了蒙牛公司。这些案例都是企业及企业家没有从中国优秀的传统哲学中领悟及践行管理理念的结果。在日本有一家企业传承了1300 年，之所以这么长寿，其实就是因为吸收和践行了中国传统的哲学理念——中庸管理思想。这就是位于日本石川县的法师旅馆，它是世界上最古老的酒店，到现在已有 1300 年的历史。

第二节
法师旅馆：传承 1300 年的故事

如果问你一个问题："世界上有存在 1000 多年的企业吗？"或许你的回答是否定的，传承 1000 多年的企业是让人无法想象的。中国有很多古老的家族，例如，孔子家族传到现在已经有

80代了，但这是家族，与家族企业是两个不同的概念。从严格意义上讲，中国其实并没有超过百年历史的家族企业。虽然如"日升昌"一类的老字号已延续了近百年，但其后几十年的存在不过是象征意义大于经营意义。但是在国外，尤其在日本，最长寿的企业有上千年的历史。

日本石川县栗津温泉的法师旅馆创立于公元718年，距今已有1300年之久。法师旅馆的经营模式是以主人世袭制代代相传，产业由长子继承，发展到今天已传到第46代，掌门人是法师善五郎。更为特殊的是，旅馆的仆人也是世袭制，即其职位由其家中的少女来继承。法师旅馆被记录为"世界上最古老的旅馆"，是存续1000多年的长寿企业之一。

为了探究千年企业长寿的秘诀，香港中文大学教授、著名家族治理专家范博宏对法师旅馆的掌门人——76岁高龄的善五郎进行了3个小时的专访。使范教授大为吃惊的是，在与善五郎探讨法师旅馆为什么能延续千年之久时，他的答案是："法师旅馆本着中国儒家文化中的中庸思想传承至今。"当范教授问他的家族代代相传的经营哲学是什么时，善五郎回答："学习水。"当范教授请他总结世代经营的体悟时，他写下了"无常"二字。当范教授问他培养子女的方法时，他写下了"啐啄同时"四个字。当范教授问他家族与事业长青的秘诀时，他写下了"知足""少欲"和"花香千里行，人德万年熏"三行字。当范教授表达希望向他和他的家族学习管理经验时，他谦虚地告知范教授，他不敢给中国人当老师，因为这些理念都是从中国那里学来的。

范博宏教授与善五郎有关企业基业长青的探讨，不禁使我联想到另一场发生在公元 2500 多年前的对话，这场伟大对话的主角是中国最伟大的两位先哲。

据传，先圣孔子曾跋涉千里，向时任周朝"国家图书馆馆长"的老子询问"修身、治家、平天下"之道，老子手指浩浩黄河，说："为何不学水之大德呢？"孔子迷惑不解，问："水有何德？"老子看看孔子说："上善就像水一样，造福万物，却不与万物争高下，这是谦虚的美德。江河之所以成为一切河流的归宿，就是因为他们愿意处于下位。世界上最柔的东西莫过于水了，可水却能穿透坚硬的东西。水也最有包容性，它可接纳万物却不争，这是多么伟大的德行。"孔子听完后恍然大悟，离开老子后，三天不语，细品其中的道理。

老子在《道德经》里把水比喻成最接近"道"的事物，"上善若水。水善利万物而不争，处众人之所恶，故几于道。居善地，心善渊，与善仁，言善信，正善治，事善能，动善时。夫唯不争，故无尤。"这里老子以水喻"上善"与"谦下"的品质。此后，"上善若水"便成了中国人价值观的核心部分，也成了历代统治者和朝臣治理国家和修身及齐家的价值导向和行为准则。而"上善若水"的哲学理念也包含了老子所推崇的"道法自然"及"无为而治"的管理法则。

法师善五郎所讲的"学习水"的经营哲学，其实秉承的就是老子"上善若水"的哲学理念，他们家族及其经营的旅馆得以世代相传，其实也是得益于"上善"和"谦下"的品格。无论是法师善五郎的"无常""少欲"，还是"啐啄同时""知足"，其实都是源于水的属性及品德的不同表述。"形而上者为道，形而下者为器"，水是最接近"道"的自然界有形的东西，法师家族通过"学习水"，在企业经营上做到了与自然及竞争对手和谐相处，使得家族和事业延续千余年。

此外，法师旅馆能有千余年历史还有赖于其严格的家族传承制度，世代坚持长子继承，其他子女成立家庭后不会分走旅馆的一针一线，小小的温泉旅馆也因此得以保存。

第46代传人法师善五郎所讲的"少欲"和"知足"的另一层含义就是，1300年来，法师家族的传承人在传承过程中做的最重要的事情就是，延续家族的价值理念和古老的经营模式，无论市场需求有多大，也绝不开分店。法师旅馆除保留了日本传统的温泉旅馆风格外，而且还原汁原味地保留了开山之祖泰澄大师于公元718年在此修行两年留下的粟津温泉。此外，法师旅馆除在设备上极力维护温泉旅馆的传统外，还保存了许多历史文物，呈现出与众不同的待客之道。法师旅馆深厚的历史底蕴也吸引着世界各地的游人。所谓传承，莫过于此。

但在传承的过程中，有一件事情使法师善五郎后悔不已：他曾在规划师的极力劝说下，违反原有建筑布局盖起了8层高楼，虽然使旅馆的房间增多了，但破坏了旅馆的文化及历史原貌，反而使经营额下降了。法师善五郎说，这是他没有守住"少欲"的结果。过度的扩张使法师旅馆的文化核心因素减弱了，因而造成了旅馆营业额的下降。所以违反企业的核心价值观一味地追求规模反而使企业失去了竞争优势。任何事物不是做加法就可以变得强大。法师家族的"少欲"和"和谐"的价值观也是其家族的护身符，有了这道护身符，他们才得以代代平安无事，企业也传承了 1300 年。除了这两道护身符，价值观下经营理念有序地传承也是法师旅馆之所以能延续 1300 年很重要的原因，传承对一个企业是否基业长青也非常重要。

第三节
中庸之道：企业基业长青的秘密

在法师旅馆的案例中，法师善五郎曾提到，法师旅馆之所以能传承上千年，是因为其一直秉承着中国儒家文化中的中庸之道。

美国吉姆·柯林斯在其《基业长青》一书中指出，公司的领导者更像是一位造钟师，而不是报时人。他用中国的太极阴阳图来比喻企业家如何成为造钟师。他所讲的无论是企业的组织、文化理念及制度都是围绕平衡的理念来进行建构，而不是追求急功近利，即所谓的速成。这其实就是中庸之道的核心，不偏不倚,达到各个矛盾主体的平衡与和谐。从吉姆·柯林斯的论述可以看出,他的许多论点的哲学含义其实与中国文化所表达的管理思想高度一致,其中很重要的一点就是中庸思想,只不过他是用西方人的视角和语言来诠释中庸理念罢了。

我们可以发现法师旅馆也符合吉姆·柯林斯所论述的企业基业长青所需的几个条件。无论从创始人的理念、人才团队的培养,还是传承及接班的问题,法师旅馆都处理得很好。这都是具体的管理手段,更重要的是他们的企业经营哲学。我们不难看出法师旅馆在发展过程中,一直强调努力达到自然、社会和人的三者和谐统一。无论是他的继承人还是员工,都传承有序。如果企业扩张会破坏自然,它选择保护自然,努力与自然取得和谐,所以几百年来它基本没有扩张。另外它与周围的其他同行和谐相处,不是以垄断作为商业竞争优势,而是以服务和品牌立足。

企业虽然是一个盈利的组织,但企业不能把盈利作为它唯一的目标,否则这个企业就不会长久。一个企业不应该只为了自己盈利而存在,一个企业家也不应该把追求利润最大化作为企业的核心价值观,因为这样的企业难以赢得社会和大众的认可,不被认可又如何能基业长青?

法师旅馆在1300年的经营过程中,不是仅仅为了实现企业的盈利,它追求与自然、社会和人的平衡,追求企业经济效益与社会效益的统一,它遵循中庸之道就是为了实现和谐统一。

中华民族的文化之所以能几千年传承下来，是因为得益于中庸理念。虽然中国历史上朝代更迭很多，但是新的朝代并没有把前朝全面否定，而是动用大量的人力与物力来编撰前朝的史纲，许多先进的管理方法继续沿用，这样的做法其实就是中庸思想的体现。而管理企业和治理国家类似，都要面对各种管理问题，其中最主要的问题是传承。传承关系到一个企业是否延续。而在传承过程中，我们要传的是什么？仅仅是资产吗？不，主要是经营哲学，是管理之道，是所谓的企业文化。这一点很重要，法师旅馆之所以能够长久，就是因为它把中庸思想的几个核心点全部传给了下一代，少欲、利他、和谐，就是其核心的哲学理念，即使有的继承人没有将企业发扬光大，但凭借这些理念足以保住企业，使企业得以千年不倒。

根据全国工商联研究室和浙江大学家族企业研究所联合课题组对 839 家家族控股企业的调查显示：这些企业绝大多数仍处于第一代创始人的管理控制之下，仅有 92 家企业在过去 5 年内完成了企业主的更替。从年龄分布来看，这些企业主的平均年龄为 49.6 岁，50 岁以上的占到总样本的 40%。据此可以推断，未来的 5 ～ 10 年，我国的企业将面临历史上规模最大的传承危机。

我们知道，影响一个企业能否顺利地交接班和很好地传承下去的因素有很多，如大环境或某些不可抗力，中国很少有百年企业的原因之一就是，近代社会及国家体制发生过重大的变革。但是，在外部条件一样的情况下，企业的核心价值观、企业承担的社会责任和制定的战略，这三个因素就变得格外重要。

除此之外，创新在企业传承过程中也非常重要，但创新是否为企业传承的必要条件，那就要看企业的性质。就法师旅馆来说，保持文化和经营特色是它能够传承的因素之一，创新反而减弱了它的核心竞争力。而著名票号"日升昌"，却因为没有跟上金融变革渐渐衰弱。所以，创新与否是一个很难把控的管理难题，但是优秀的企业核心价值观能起到指导作用。

崇高的价值理念能让决策者看得更高、更远，急功近利的自我价值观难免令人鼠目寸光。美国安然公司的"财务创新"，连华尔街的资深分析师都看不出什么毛病，但是这个被《财富》杂志连续六年评为"最具创新能力"的大公司最终因财务造假丑闻而宣告破产。

变与不变，其目的都是传承企业的社会价值和履行企业的社会责任，从这一点上说，核心价值观决定了企业的创新走向。法师旅馆之所以没有创新，就是因为其源于对传统文化及对先人的敬重和孝道，法师家族的核心价值和旅馆品牌的核心价值被很好地保护与传承。1300年来，法师旅馆的每代人没有因为继承权而让家族分崩离析，也没有因为利欲熏心而盲目改变经营规模，他们不是以利益作为衡量企业及个人成功与否的标准，而是凭借正确的人生观和价值观，很好地处理了个人、家族及国家的关系，从而达到了基业长青的目的。

相反，在中国历史上，由于没有遵循中庸管理之道，没有处理好义与利、稳定与发展的关系，导致失败的案例比比皆是。例如，胡雪岩一生凭着自己的才智，白手起家，中年时事业如日中天，成为富可敌国的巨商富贾，还被别人称为"胡大财神""胡大善人"。但他在最后的三年时间里，又从杭州首富沦落为平民百姓，最终郁郁而终。或许，"成也萧何，败也萧何"。

其一，成也靠山，败也靠山。胡雪岩发迹之路，得益于两大靠山——王有龄和左宗棠。前期与王有龄交涉时，胡雪岩正当学徒期间，这时他就敢挪用公款，将500两银子用在王有龄身上。王有龄担任知府之后，胡雪岩靠王有龄，赚取第一桶金。后期是左宗棠。王有龄去世之后，胡雪岩刻意钻营，一边为左宗棠筹粮，一边利用过手的官银，大肆创办私人钱庄。然后，又独揽左宗棠代购军火生意，并为左宗棠入疆作战大举外债，从中牟取大量私利。于是，短短数十年间，他成为天下首富，人称"胡大财神"，而且官至二品，御赐黄马褂，号称"红顶商人"。

但其轰然倒塌，似乎最直接的原因，就在于靠山——左宗棠老了，李鸿章得势。于是，胡雪岩成了两人相争的牺牲品。李鸿章要彻底废掉左宗棠，当然会从胡雪岩这个"钱袋子"下手。当左宗棠晚景颓唐，面对李鸿章的胡雪岩，当然毫无还手之力。

这不仅是胡雪岩的悲剧，也是整个中国商人的悲剧。费正清曾说："中国商人的传统不是制造一个更好的捕鼠机，而是从官方取得捕鼠的特权。"胡雪岩依靠特权发迹，最后也毁于特权。

其二，成也场面，败也场面。场面大，是胡雪岩的特点和秘诀。他生活穷奢极侈，起居出行，富丽堂皇，前呼后拥。母亲过寿，他准备了七天寿宴，大宴八方，杭州城内城外，轰动一时。他妻妾成群，娶了十二房姨太太，号称"十二金钗"。他还喜好慈善，是沪杭有名的"胡大善人"。他什么生意都做，钱行、典当、军火、丝业、药堂……

为什么要撑那么大的场面？他认为，有了场面，别人就会认同你的实力，才敢把钱放心存在胡雪岩的钱庄。有了钱，就能拿出去维持关系、收买人心、放贷、做生意，才能无往而不利。应该说，他的这套说法在事业上升期当然没有问题，可一旦出现裂痕，就是致命的危险。

正如书中所说："钱庄不赚典当赚，典当不赚丝上赚，还有借洋债、买军火，八个坛子七个盖，盖来盖去不会穿帮，可现在八个坛子只有四个盖，两只手再灵活也照顾不到，何况旁边还有人盯在那里，专挑你盖不拢的坛子下手。"场面扯大了，最后按下葫芦浮起瓢，就只能满盘皆输了。

其三，成也用人，败也用人。胡雪岩有识人、用人之才。凡是他仔细挑选，用心栽培之人，都对他自始至终，忠心耿耿。无论大人物、小人物，他从不轻易得罪，都是给足面子。只要能说好话，坚决不说半句不好听的话。只要能拉拢，他就想尽办法为己所用。他总能设身处地地为别人着想，帮人之所急，尽量大度、宽容待人。于是，他成了一个"好人"。

好名声为他带来了一世无双的个人魅力，好人品成就了他的金字招牌，这些都直接为他的生意奠定了重要基础。但这些性格也成了他的"双刃剑"。很多时候应该下狠心解决的问题，下狠心除掉的外部对手和内部"肿瘤"，都因为他与人为善，过分强调不得罪人、不招人妒，为他人考虑过多，留下了最后的隐患。而最后的失败，正在于他明知道上海钱庄的一个手下有问题，却没有及时处理，后来被李鸿章的人加以利用，传出风声说"胡雪岩的钱庄没钱了"。这成了一个引爆点，于是造成钱庄挤兑、资金链断裂、金字塔倒塌，胡雪岩商业帝国就此瓦解。

说到底，胡雪岩的成功，其核心竞争力其实就是"权力"与"关系"。通过取悦权力，从权力手中拿到一张"捕鼠许可证"，由此出发，再辅以天时、地利，最终成就一番事业。然而，虽然依附官员是商人发达成功的捷径，但过于依赖官商模式为商人带来很大的风险。

在改革开放四十多年的商人中，我们看到了若干"胡雪岩"，年广久、牟其中、褚时健、顾雏军、黄光裕等他们都曾高楼平地起，最后却同样逃脱不了胡雪岩的宿命——由权力而来的原罪财富，马上会受到法律的制裁。政商博弈与如影随形的腐败、浮夸不实的商业模式，随性自利、罔顾他人的高风险投资与资本运作，都给企业带来了致命的打击。

如果一个企业家不顾社会及民众的福祉，把追求利润最大化作为企业使命来定位的话，即使他再成功，也会功亏一篑。中国早期的三鹿奶粉就是一味地追求利益而把社会责任放在一边，结果落得个企业倒闭的结局。美国经济学家柯林斯在其《基业长青》一书中就指出，杰出企业领袖一定是造钟师，而不是报时人。他指出：拥有一个伟大的梦想，或身为高瞻远瞩的魅力型领袖，好比是"报时"；建立一家公司，使公司在任何一位领袖身后很久，经历许多次产品生命周期仍然欣欣向荣，好比是"造钟"。一个魅力型领袖其实并不是企业最需要的，企业真正需要的领袖是一个战略制定者、一个组织架构师和一个有忧患意识的管控家，并且后续的接班人可以延续他的辉煌，只有这样这个企业才能基业长青，这个企业的领袖才能奠定其历史地位，才能成为真正的江湖霸主。

柯林斯对企业基业长青的主要观点使我们发现，中国企业短寿的主要原因有：战略的缺失，管理的混乱，以及企业家社会道德感的缺失与浮躁的心态。这些企业家浮躁的心态和"中庸之道"的管理思想相悖。如果这些企业家不是为了追求企业盈利、追求企业利润最大化，而是尊重基本的商业规则，以有益于社会和大众作为企业的最终目标，追求企业与社会的平衡，那么他就能实现基业长青的长远目标。

第四节
中国企业管理的困局

1.4.1　西方管理在中国水土不服

中国的企业家们经常会面临一些问题：面对名目繁多的管理学书籍，该如何进行选择？面对纷繁复杂的管理理念，如何找到适合自己企业且行之有效的管理方法？管理之道究竟是什么？中国的企业家们带着困惑走进图书馆和书店，在书架上找到的只有德鲁克、彼得、泰勒、法约尔、松下幸之助等著的管理理论书籍，却找不到一本中国化管理的书籍。因此，他们只能把这些纯西方的管理理论作为自己企业的管理圣经，但在管理实践中，发现这些西方的管理方法完全不适合中国的企业和中国的员工。

不仅如此，一批又一批的政府官员与企业领导出国学习回来，不顾中西方文化的差异便都根据西方管理思想和管理模式进行大刀阔斧的改革，最终导致许多问题开始慢慢显现：经济发展中忽视了人的存在，盲目追求冰冷的 GDP 数字，自然环境沦为牺牲品，社会中不均衡的发展矛盾日益突出，物质生活日益丰富的同时人们却遭遇了前所未有的精神危机，幸福感越来越低。

中国企业的平均生命周期仅为 2.5 年，不及发达国家的 1/4，全国每天都有大量企业倒闭。这固然有多方面的原因，但没有找到适合中国特色的管理模式是最不容忽视的原因之一。不可否认，一个现代化的企业必须要有科学的管理流程和规范的管理制度，但对于一个中国企业而言，光有这些还远远不够。被引入中国的西方管理模式会出现许多水土不服的现象。比如，有些企业，制度化、流程化管理堪称西方科学管理的典范，但会接连发生员工离职或劳动仲裁的事情。早年的实达集团由于引进麦肯锡咨询公司的方案，进行西化管理，结果浪费了大量钱财，最终倒在了西化管理的路上。其实，西方硬碰硬的管理模式并不能完全适合中国本土企业，中国人重感情、重道义，西方的管理制度冰冷严格、对事不对人，贸然推行西式管理，这就必然会造成管理者与被管理者关系紧张，从而影响企业的运作。因此，中国企业在学习西方管理思想的同时，必须要从中国传统哲学智慧出发，找出适合中国企业的本土化管理方法。

在北京彼得·德鲁克管理研修学院的开幕词中，西方管理之父德鲁克这样写道："管理者不能依赖进口，即便是引进也只是权宜之计，而且也不能大批引进。中国的管理者应该是中国自己培养的，他们深深扎根于中国的文化，熟悉并了解自己的国家和人民。只有中国人才能建设中国，因此，快速培养并使卓有成效的管理者迅速成长起来是中国企业面临的最大需求，也是中国企业最大的机遇。"

中国传统哲学智慧就是中国企业家管理企业的"道"，而西方的管理科学是管理的"器"，我们把管理之"器"与管理之"道"相结合的管理模式叫作中国化管理。以中国传统哲学理念作为管理之"道"，用西方科学的管理流程作为管理之"器"，这种结合不仅让中国企业家掌握管理之"器"，更使中国企业家在体会和学习中国传统哲学智慧时领会管理之"道"。

中国的传统哲学思想深深地影响着世界，也为中国企业家提供了一套适合中国企业的管理理论。西方的管理者只是制度的熟知者，他们并不懂中国化管理的哲学精髓。我们当代中国企业家应该从传统哲学的管理思想中吸取经验和智慧，从中国企业的实际出发，不断完善组织制度，从简单学习西方的工匠蜕变成熟知管理哲学思想的艺术大师，这样才能让中国企业建立起有能力进行持续性革新、无惧革新的组织。

1.4.2 管理的"情理法"与"法理情"

西方重视企业制度的规范和建设，但中国文化实际上是要在"情"的基础上才谈纪律。"人情练达即文章"，"人情练达"是中国人做好管理者的必要前提。在中国，只有建立在感情基础上，制度执行才能不打折扣。中国的管理模式是"情理法"的集合体，首先是在合情的前提下去追求合理，最后才依法办事。其中，"理"位于中间，是最重要的，但"情"是基础，是"理"的根基，最后才轮到"法"。而西方奉行的是"法理情"，把法放在第一位，情和理要服从法，所以西方崇尚刚性制度管理，这是中西方不同文化理念的产物。

"情理法"是中国人的思维哲学，"法术势"是中国人的管理手段，这两个是中国式管理的核心内容。中国企业家应该从中国古代思想中汲取管理经验和智慧，学会"情理法"与"法术势"的中国化管理。从中国企业的实际情况出发的管理才适应中国企业的发展，这样才能使企业有生命力。总之，西方的"法理情"是标准化、制度化的科学，这不适应中国的传统文化，在中国企业中运用会水土不服。中国的"情理法"和"法术势"，符合中庸管理"天人合一"的理念。中庸管理对中国企业非常重要。那些不遵守经济利益和社会利益的统一、不遵守义利平衡"中庸"理念的企业，最终将会受到严厉的惩罚。

1.4.3 企业的"传承"

企业面临的管理问题很多，但是中国企业现在面临最重要的问题其实就是如何使基业长青，如何使企业传承下去。我们知道改革开放四十年来，中国已有很多世界级的企业，这些企业大多还在第一代创业者手里，如今这些人已到了退休年龄，如何将企业顺利地交接给继任者或下一代，如何使企业基业长青，是中国企业面临的最重要也是最迫切的问题。而且如何传承、传承什么，这都是企业将要面临的问题。

第五节
中国企业呼唤中庸之道

中庸之道是中国儒家思想很重要的修身处世理念。孔子说："天命之谓性，率性之谓道，修道之谓教。"这句话言简意赅地揭示了中庸之道这一主题思想的核心是自我教育。中国企业家要贯彻中庸之道管理思想，一定要遵循人道原则去进行修治和管理。

首先，企业管理者要敬重古人的天地观。企业家一定要从客观规律出发，不要违背自然和社会法则，在企业发展过程中注意自然、社会和人的和谐发展，慎重对待人定胜天的理念。如今，环境污染严重和以破坏环境为代价的发展过度，这都是违背规律的表现。有些企业为了建厂不惜铲平一座青山，有些企业只顾牟利把有毒液体排入母亲河，或为一己私利把有毒废料倒在田地间，所有这些都有违中庸之道的哲学理念。中庸之道以人为主体，以企业发展与整个社会的大发展和谐统一为目标，同时追求整个人类的发展和自然的发展达到"天人合一"的境界。也就是所谓的构建和谐社会。

其次，企业管理者要"因时、因事、因人、因地而制宜"。也就是说企业家要顾大局，综合考虑各方面的问题，不可自以为是，不要总是用自己的惯性思维来解决问题，否则会导致管理上的偏差。管理还要从人性的特点出发，对待员工既要有法度，还要有厚道，多进行教育，少用制度惩罚。企业家在处理企业事务及员工问题时，一定要真正理解中庸之道的管理含义。

最后，企业管理者要坚守诚信，承担责任，保有仁义。企业家不能肆意妄为，要遵循天地的法则。中庸之道不是不讲原则的折中主义。孔子曾说："乡原，德之贼也。"这里的乡原是指不讲原则，四面玲珑，自私伪善的人。所以，把中庸之道看成和稀泥是我们的误读，在大是大非面前企业家必须坚守原则。

在现代企业管理中，许多案例佐证了"中庸之道"是企业成功的重要法宝。张朝阳给搜狐定下了"在平和务实、平和主动中追求卓越！"的核心理念；国家电网、中远、联想、海尔、阿里巴巴等许多企业在管理上大胆而不懈地尝试和探索中庸之道，并取得很大的成功，达到了比卓越更高的层次。

2010 年，华为总裁任正非提出了有关"灰度管理"的概念。他指出："凡是人性丛林里的智者，都时机恰当地接受别人的妥协。"任正非的"灰度、妥协与宽容"的管理思想，与中庸之道"不偏不倚""取中贵和"的观点不谋而合。正是这种宽容的中庸思想，使华为在竞争激烈的市场中，在多方面矛盾与博弈中，不断超越自我，向前发展，成为国产企业的成功标杆。

中庸之道是一种精深的生存智慧和生命境界。中庸提倡的和谐，蕴含着精湛的领导艺术。作为领导者，无论决策、用人、授权，还是谈判、沟通、激励，都要"致中和"，善于"执其两端，用其中"，即把左右两个极端把握住，平衡各种力量、各种倾向，做出恰当的优化选择！

第二章

中庸之道管理哲学

中庸思想是儒家学说的核心，以儒家学说为主的道德和伦理体系又是中华文化的核心，而基于中庸思想的中庸之道是中国历代统治者治理国家所追求的最高目标。

第一节
中庸思想的内涵及发展

说起"中庸"，人们往往把它和好好先生、折中主义者联系起来，这些都被认为是"中庸"！其实中庸作为中华思想的精华，并不是人们所说的那样。我们知道中庸的"中"的含义大多认为是：不偏不倚、中度合节。其实"中"字在先秦古籍中有三层意义：一是指中间或两者之间；二是指适宜、合适、合乎标准；三是指人心、内心的和谐境界。中庸之"庸"字一般解释为"常"。三国何晏将"庸"解释为"常行之常"，宋代大儒程颐说："不偏之谓中，不易之谓庸。中者，天下之正道；庸者，天下之定理。"也就是说，中乃正中不偏，庸乃不可变易。中庸，儒家的处世原则，主要指折中、适当、不走极端。庸，常，"中庸"即中和可常行的意思。一说，庸，用，"中庸"即以中为用、取用其中的意思。所以中庸之道就是教人保持中正。

南宋朱熹则解释为"平常""庸固是定理，若以为定理，则却不见那平常的意思"。汉代许慎认为："庸者，用也。"用，就是践，是把握纷繁复杂的事情的度，并将这个度运用到生活与实践中。《尔雅·释诂上》："庸，常也。"具体指常行常道。

追本溯源，中庸的观念在我国上古三代时期就已经有了萌芽。在《尚书》中就有相关"中道、执中、行中"的记载，这时的中庸观念主要体现在了政治方面。直到孔子才正式提出了中庸这一概念，孔子中庸的功用体现在了伦理方面，成为衡量君子的最高道德标准。这一点在《论语》中有较为直观的体现，将中庸观念融合在了各个方面。随后，孔子的孙子子思做出专著《中庸》一书，将中庸思想上升到了宇宙观的高度。又经过汉宋的儒生千百年来的不断发挥和引申，中庸观念在人们心中根深蒂固，成为中国国民性的一部分，最终对中国传统文化形成了深远的影响。

纵观中庸的发展历程可以简单概括为，起源于《尚书》，提出于《论语》，成熟于《中庸》，发扬于后儒。孔子赋予了"中庸"在伦理观中极高的地位。"中庸"在孔子的思想体系中成为衡量君子道德的最高标准。孔子中庸思想的来源有两个：一是先人执政理念。《论语·尧曰》中这样记载："尧曰：'咨！尔舜，天之历数在尔躬，允执其中。四海困穷，天禄永终。'舜亦以命禹。"由此可以看出，"中"之最初意义是统治者自上而下的谕诫。对于舜忠诚地落实"允执其中"，孔子赞美舜说："隐恶而扬善，执其两端，用其中于民"（《中庸》）。其中"允执其中"就是中庸的哲学理念，以致这四个字一直被悬挂在故宫太和殿里，作为中国历史上君王治理国家的至理名言。二是《周易》的思想。《周易》卦爻辞中的"中吉""中行"等概念，都与中庸概念同出一辙，《易·易辞上》中说"君子之道，或出或处，或默或语"，也是中庸的意思，都有告诫人们要行为适中，走正道、用中之意。

孔子的中庸哲学还体现在其他论述之中，譬如，"不得中行而与之，必也狂狷乎！狂者进取，狷者有所不为也"（《论语·子路》），在这里，狂是指狷狂，狷是指拘束，这两个方面都是不可取的，正确的做法是"叩其两端""允执其中"（《论语·尧曰》）。又如，"质胜文则野，文胜质则史。文质彬彬，然后君子"（《论语·雍也》），在这里，如果朴实内容超过文采风格，则给人一种粗野的感觉；如果文采风格超过朴实内容，则会显得辞藻浮夸。由此可见，孔子认为，要想成为真正的君子，就需要在质和文这两个方面力求平衡，达到一种恰到好处的状态。围绕中庸，还有很多相关的阐述，包括"温而厉，威而不猛，恭而安""君子惠而不费，劳而不怨，欲而不贪，泰而不骄，威而不猛"等。

由此可见，孔子所说的中庸，是指不走极端、恰到好处，并从大局观出发、谋求行动体系和谐共处的状态或达到此种状态的行动取向。这是中庸之道中最核心的意义，在其后儒家专著或论述中对此或有所演绎和发挥，但基本的核心内容不会改变。《中庸》中引述孔子的话说："君子而时中"，孟子也把孔子"执中"的思想与"权"和"时"联系起来。他说："执中为近之。执中无权，犹执一也。"这句话的意思就是，坚持中道而不懂得权变，那就是僵硬的做法，是不可取的。他又称赞孔子是"圣之时者也"，"时"就是因时制宜的意思，与"权"字相呼应。宋朝儒学家程伊川认为，行乎中庸，就好像穿衣一样，夏天衣葛，冬季披裘，要因应气候有所变化。朱熹也曾说过："中无定体，随时而在，乃平常之理也。"

关于中庸，郑玄注《礼记·中庸》说："名曰中庸者，以其记中和之为用也。""庸，常也，用中为常道也。"学界一般都为，"郑玄的解释是比较贴近的，中庸之德也就是用中之德。"孔子十分推崇前人思想，但他的中庸思想并不是简单地照抄，可以说，孔子的中庸思想就是在前两者的基础上进行的创造性思考和运用中形成的。

中庸思想的这种"无过无不及"的理智态度和方法论原则，最终上升为道德上"至善、至正"，政治上"至治"的思想境界。

中庸的方法论代表了中国人主要的思维方式，由儒家所提出并倡导的社会行为规范构成了中国人主要的行为和治理方式。

第二节
《中庸》中的中庸思维理念

《中庸》是中国古代论述人生修养境界的一部道德哲学专著，是儒家经典之一，也是古代科举制度必考的四书五经之一。相传为孔子的孙子子思所作。其内容肯定"中庸"是道德行为的最高标准，把"诚"看成世界的本体，认为"至诚"则达到人生的最高境界，并提出"博学之，审问之，慎思之，明辨之，笃行之"的学习过程和认识方法。在《中庸》这本书里，全面地阐述了儒家的哲学思想和伦理思想的核心中庸思想。如果简单归纳，可以概括为如下几点。

2.2.1 中庸是率性至诚之道

《中庸》开篇便说："天命之谓性，率性之谓道，修道之谓教。"这是全书的总纲，明确地阐述了儒家整个文化体系的终极价值。孟子说："仁义礼智，非由外铄我也，我固有之也。"人的善良本性来自天的赐予，所以人才能"尽心、知性、知天"。这样就将天人连成一体，就给了整个伦理体系一个坚实的价值基础。

率性的根本是"至诚"，即"反身而诚""强恕而行"，是对孔子一以贯之的"忠恕之道"的发扬。"诚"就是真诚地反思自己，"唯天下至诚，方能经纶天下之大经，立天下之大本，知天地之化育"，达到无所不通的境界。

至诚的要领在于"慎独"，《中庸》说："君子慎其独也""君子所不可及者，其唯人之所不见乎。"因为人们是否真诚地反省本心，只有自己知道，道德是不能依靠外在监督的，特别是在没有人看到的地方。"率性至诚"说明了道德的最高约束力是"慎独"，说明了君子道德的自觉性，这对我们现代管理有着很重要的现实意义。尤其是对企业家群体来说尤为重要，在经营企业中，企业家一定要有高度的道德操守，这样才能实现企业价值与社会价值的高度吻合，才不会在企业经营和发展中发生偏差，这样才能实现一生平平安安，善始善终，保证企业的基业长青。

2.2.2　中庸是持中守正之道

中庸既是儒家的价值观，也是方法论。从价值观的角度看，中庸就是要坚持"正道"，如程颐所说"中者，天下之正道也"。《中庸》说："喜怒哀乐之未发，谓之中；发而皆中节，谓之和。"人性未发就是天所赋予人的善良本性，当然是符合"正道"的。但是普通人情感所发难以做到皆符合社会的善的规范，所以现实的人性有善有恶。如果经过刻苦的修养使自己的情感所发都符合社会的规范，社会就是一个和谐的社会了。持中正道就是为了构建和谐社会。

所谓方法论，即防止在社会生活出现走极端的错误。从横的方向看中庸就是"不偏不倚"，从纵的方向看，中庸就是无"过犹不及"。"不偏不倚"就是观察事物正确，不左不右。无"过犹不及"就是办事情注意事物发展质量互变规律。《中庸》说舜执政，"执其两端，用其中于民"就是"不偏不倚"的典型。《中庸》说"知者过之，愚者不及也"则是对"过犹不及"的批评。

毛泽东在延安整风时说："过犹不及乃指一定事物在时间与空间中运动，当其发展到一定状态时，应从量的关系上找出与确定其一定的质，这就是'中'或'中庸'，或'时中'。"中庸思想中的持中守正之道是中国人行为的正确的方法论，持中守正，避免走极端也是企业管理中必须坚持的管理理念。

2.2.3　中庸是素位守常之道

中庸之"庸"有两方面的解释，程颐说"不易之谓庸"，朱熹说"庸者，平常也"。正因为平常，所以才能够长久不易，这就是儒家文化经久不衰的根本原因。

《中庸》说"君子之道，造端乎夫妇"，就起源于日常的家庭生活伦理。《周易》说"一阴一阳之谓道""有夫妇而后有父子，有父子而后有君臣"，一切人伦天伦都是从家庭生活开始的。所以中庸之道离人不远，"夫妇之愚，可以与知焉"。不过要完全把握中庸之道也不容易，"虽圣人亦有所不能焉"。

素位守常之道要求君子过一种低调的日常生活，"衣锦尚䌹"，"暗然而日章"。有高尚追求的人，在日常生活中大多是低调的。"故君子之道，暗然而日章；小人之道，的然而日亡"。素位而行，思不出其位，行不出其位。"素富贵，行乎富贵；素贫贱，行乎贫贱；素夷狄，行乎夷狄；素患难，行乎患难"。中庸之道教人安于本位，随遇而安，安贫乐道。素位守常哲学理念对企业家群体非常重要，是企业家人生修炼的人生信条指南，只有坚守素位守常，杜绝骄淫奢侈，这样企业家才能保持个人价值与企业价值及社会价值高度吻合，才能保持基业长青和平安顺遂。素位守常对于构建新时代的文明生活和个人的精神文明，也有重要的规范和启迪意义。

2.2.4　中庸是成己成物之道

儒家的思想路线是"修身、齐家、治国、平天下"，是一种由内而外的推展过程。首要的任务是"修己"，孔子说："君子之学为己，小人之学为人。"道德修养一定要从自己做起。《中庸》说："唯天下至诚为能尽其性。能尽其性，则能尽人之性。能尽人之性，则能尽物之性。能尽物之性，则可以赞天地之化育，则可以与天地参矣。"

"尽己之性"和"尽人之性"还不是终极目标，最后还要达到"尽物之性""参赞化育"。儒家不是出世的宗教,而是治世的政治哲学。所以"成己"之后还要"成物"。《中庸》用大量篇幅探讨了"文武之政",都是"成物"之道。如"天下之达道五""凡为天下国家有九经""其人存,则其政举;其人亡,则其政息""执其两端,用其中于民"等。中庸的这种把个人命运与社会及国家联系起来的思想正是儒家所倡导的"家国思想",儒家把中庸看成个人理想抱负实现的主要方法和手段,注重在"修己"的基础上再"治国、平天下",强调的是通往成功的内因。这一点非常重要,在现代管理中,企业家守住了这个内因,就践行了中庸思想,也就得到了通往成功的方法论,纵观历史,有许多企业家由于没有遵循这一原则而身败名裂的案例比比皆是。

中庸是儒家的重要道德准则,也是儒家所追求的为人处世的最高规范。"中庸"思想对古代儒家思想体系的完善和儒学教育的延续,产生了深远的影响。

对"中"的解释大多认为是:不偏不倚、中度合节。"中"字在先秦古籍中有三层含义:一是指中间或两者之间;二是指适宜、合适、合乎标准;三是指人心、内心的和谐境界。有人认为不偏不倚很容易,似乎"中庸"就是折中而已——有上下而必有中,有左右而必有中,有前后而必有中,这实际上是将"中"简单化了。其实,"中"既是内在的辩证规定,又是外在的超越性。"中"表征为一个恰切的"度",是在面对复杂对象时精确把握事情的"分寸"。"中"强调的度既不能过

（过分），又不能不及（达不到），这一合适的"度"非同小可，不可小看。

人们在中庸之"庸"字的理解上更是见仁见智。"庸"一般解释为平常、日常。三国何晏将"庸"解释为"常行之常"，北宋程颐解释为"不易"，南宋朱熹则解释为"平常""庸固是定理，若以为定理，则却不见那平常的意思"。汉代许慎认为："庸者，用也。"用，就是践，是把握纷繁复杂的事情的度，并将这个度运用到生活与实践中。《尔雅·释诂上》认为："庸，常也。"具体指常行常道。

中庸的中，是指遵守规矩，喜怒哀乐之未发也就是对自我的情绪、主观认识的控制和约束。中庸的庸，是指"常"或者"用"。中庸的道理，一是不逾越规矩，二是不过度。中庸，并不是趋向平庸，平庸是指自我的放弃、不思考、不努力。中庸，指的是不偏不倚，是一种自我觉察的方法，既不过分贪婪，也不过分拘谨，该做的就做，知道进退，知道取舍，而不是任意妄为，是经过充分思考后的正确分析和判断。

中庸的本意应为中道和常道，即日用常行之"礼"。中庸本质上不是一般的平庸平常，因为"中庸"是由"礼"转化而来，是礼的理论化和哲学化。这种礼不是制度规章繁文缛节，而是从人的心理结构中透出的思想观念和价值体系对人的基本要求。这意味着，中庸不是平庸和放纵，也不是日常的放松和失度，而是用更高的合于"礼"的要求来约束自己，使人不要去追求过多的外在物质附加物，也不要对人生做太多的欲望贪婪的"加法"，更不要往自己身上叠加过多的名誉、地位、财富，否则就会沉重、痛苦、烦恼、焦虑。真实的人生应该把握合适的"度"，在做生命的"减法"中得其本真之"度"——做事需不偏不倚，不去做"怪力乱神"之事，依循正常平常的生活规律去做。王岳川教授认为"中庸"启示人们戒贪、戒躁、戒欲、戒满。戒除之后，人才是真人，才会成为守节持中、恒常有度的君子。

孔子曾用"执其两端，用其中于民"来盛赞虞、舜的中庸之德，而"用其中于民"正是中庸之道的具体体现。处于两个极端的中间，在对立的两个极端之间寻求适中的解决方案，犹如要"乐而不淫，哀而不伤"地达到适中，因为"过犹不及"，必然走向反面。将"庸"理解为恒常之用，正与孔子"中庸"本义一脉相承。实行"中庸"之道绝非易事。孔子曾说："天下国家可均也，爵禄可辞也，白刃可蹈也，中庸不可能也。"而且，行道之时又"不能期月守也"，真可谓难上加难。

总而言之，中庸之道是中国儒家思想很重要的修身处世理念。孔子说："天命之谓性，率性之谓道，修道之谓教。"这句话言简意赅地揭示了中庸之道自我教育的核心思想。中庸之道管理思想是中国管理哲学的核心，中国企业要想基业长青必须深刻地理解中国管理的中庸管理思想。传承是企业基业长青的基础，企业在传承的过程中不仅要将企业传给继任者，也要把

中庸管理思想传下去，这样企业才能像法师旅馆一样传承 1300
年而不倒。

第三节
中庸之道对现代企业管理的启示

2.3.1 中庸之道的三个重要管理法则

中庸，是儒家学说和中华文化的核心，是中国人的灵魂。
胡适曾说"中庸的哲学，可说是一般中国人的宗教"。松下幸之
助在其《关于中庸之道》一文中说，中庸之道的真谛是："不为
拘泥，不为偏激，寻求适度、适当"；中庸之道"不是模棱两可，
而是真理之道，中正之道"。他呼吁："但愿真正的中庸之道能
普遍实践于整个社会生活。"将中庸之道运用到现代企业管理和
社会生活中，会对人们在工作、生活中处理各种问题带来极大
的帮助。

1. 反对"过与不及"

在《论语·子路》篇中，孔子说："不得中行而与之，必也
狂狷乎！狂者进取，狷者有所不为也。"可见，孔子认为过与不
及都是不可取的，因为二者都背离了"中"。在过度、不及和适
中三种状态中，只有适中才是最好的。过与不及就是孔子所说

的"两端"，它们同样都是不好的。在孔子看来，过与不及，二者是等价的。

现代领导者在权力的掌握和运用上不能使权力过于集中，也不能过于分散，尽量避免"过"或"不及"两种错误倾向。因为决策权过于分散，容易出现目标冲突、各自为政的现象；而在管理方面工作量又比较大，需要整体把握，适当放权。所以领导者对于决策权要相对集中，对于管理权则可相对分散。

2. 提倡"和而不同"

"和谐""以和为贵"的"和"文化代表着中国传统文化的根本特征和基本价值。中庸思想的"和而不同"正是对"和"这一概念的具体阐发。"和而不同"出自《论语·子路》："君子和而不同，小人同而不和。"何晏在其《论语集解》中对这句话的解释是："君子心和然其所见各异，故曰不同；小人所嗜好者同，然各争利，故曰不和。"君子内心虽然所见略同，但其外在表现未必都一样，比如，所有人都心怀天下，有的人出仕为官，有的人则教书育人，但由于他们内心都遵守共同的法则，这种"不同"反而可以致"和"；小人虽然嗜好相同，但由于都是为了自己的私利彼此相争，这必然会使他们之间产生利益冲突，这种"同"反而最终导致了"不和"。

"和而不同"追求的是内在的和谐统一，而不是表象上的相同和一致。"和而不同"的中庸思想不仅是中国传统文化的思想结晶，而且也是人类共同生存的基本法则和基本条件。"和"是矛盾对立基础上的协调，是有条件、有原则的，不是折中主义、调和主义；无原则和条件的随声附和叫作"同"。"君子和而不同，小人同而不和"。孔子看到了客观事物或认识主张存在差别，有和谐共处的可能性和必要性。

领导者应严格区分"和"与"同"，做到"和而不同"。凡无关原则的小事，就要重和谐，要协调；凡事关原则性的大问题，就要坚持原则，不应苟同。适中地把握和运用，进行全局性的指挥和协调；不能盲目服从或献媚、附和，违背客观事实，敢于坚持自己的正确意见，提出不同的建议。"和而不同"意味着取长补短、求同存异，时时处处持宽容的态度，是一种可以选择的艺术化的沟通策略。在处理纠纷时采取调停的办法，在合作时采取共赢的主张，在学习与交流时采取兼收并蓄的态度，等等。

3. 强调"权变时中"

儒家提倡的"中"随着条件、时间的变化而变化，不是一成不变的。"君子之中庸也，君子而时中"。"时中"就是在不同的时机上审时度势。在现实生活中，要学会因情势之异而权变。

在现代企业管理中，领导者运用中庸思想也不能死板，要随机应变、因势制宜。在权力运用时也应注重原则性和灵活性相结合，根据内外部环境的变化，适时调整领导决策和执行方法。

2.3.2 中庸之道的四个守中原则

很多跨国企业的西方领导者到了中国之后感到很困惑：在工作中遇到问题时，仅仅简单复制西方的领导模式在中国是行不通的。而中国领导者能做到与众不同的地方就是——中庸。

孔子的中庸思想，有其内在的逻辑："尚中"是中庸的逻辑起点，"时中"是中庸的内在本质，"中正"是中庸的规范准则，"中和"是中庸的理想目标。"尚中"的基本内涵是"无过无不及"，"时中"的基本内涵是"无可无不可"，"中正"的基本内涵是"礼义"，"中和"的基本内涵是天人和谐之美。其中，"尚中"观念为传统所固有，为孔子所继承。"时中""中正"及"中和"的观念是孔子对传统"尚中"观念的丰富和发展，也是孔子中庸思想的核心之所在。

具体来说，中国领导者运用中庸思想进行管理体现在以下四个方面：

1. 尚中——不偏不倚的平常心

中，就是既不要走极端，不要过头，也不要欠缺，不要不及；庸，就是保持一颗平常心。做什么事情都要有个度，这个度就是"中"，就是贫穷不要心浮气躁，富贵也不能为富不仁；做下属不要低三下四，做上级也不要专横跋扈；成功时不要得意忘形，失败时也不要心灰意冷。

2. 时中——审时度势，与时偕行

"与时偕行""动静不失其时"，就是"时中"。"时中"要求人们要关注时间的变化所带来的各种变化，对变化有清醒的观察、了解和认识，并据此设计自己的应对策略。能趋时变通，即"识时务"，而"识时务者为俊杰"。"时中"的理念要求我们在时刻注视和观察客观世界变化的同时，以变应变，以变制变，随需应变，变中求生，变中求胜。而不能采取"鸵鸟政策"，对外界的变化不闻不问，结果只能是自取灭亡。

中庸之道管理思想要求企业管理者一定要"因时、因事、因人、因地而制宜"，也就是企业家在考虑问题时要顾全大局，综合考虑各方面的问题，不可使用自以为是的理性分析，不要总是用自己的惯性思维来解决问题。

3. 中正——恪守规范，正心正身

孔子说："恭而无礼则劳，慎而无礼则葸，勇而无礼则乱，直而无礼则绞。"就是说，过分恭敬，而不约之以礼，就未免劳倦；过分谨慎，而不约之以礼，就难免流于胆怯懦弱；过分敢作敢为，而不约之以礼，就难免盲动闯祸；过分直率，而不约之以礼，就难免尖酸刻薄。恭敬、谨慎、勇敢、直率，本来都属于人的好品德，但孔子认为，如果发挥不当，或不用礼来约束，其结果往往就会适得其反。

在这里，"礼"是成就人之恭、慎、勇、直四德而使之适中的规范原则，也就是我们现在的职业道德规范和职场规则。同时，孔子很强调"正"，如说："其身正，不令而行；其身不正，虽令不从"。"正"，就是名正言顺，以身作则，不越位，不缺位，不错位，对于我们现今的职场人士有着积极的借鉴意义。

4. 中和——求同存异，和而不同

"君子和而不同，小人同而不和。""和而不同"，就是求同存异，恰到好处。孔子说："政宽则民慢，慢则纠之以猛。猛则民残，残则施之以宽。宽以济猛，猛以济宽，政是以和。"这是孔子评论郑国著名政治家子产的"临终遗言"时所说的一段话。据《左传》记载，子产临终前，曾告诉他的接班人子太叔说，为政的关键，在于针对不同的对象，或宽或猛，宽猛适中。孔子称这种宽猛相济所达到的适中状态为"和"。

2.3.3　中庸之道管理的八种实践管理艺术

孔子的中庸思想，是理性智慧和思辨哲学的集中体现，也是一种成熟的管理观念。中庸思想的管理智慧在实践中包括决策艺术、变通艺术、用人艺术、授权艺术、沟通艺术、口才艺术、激励艺术和魅力艺术八个方面。

1. 执其两端——决策艺术

任何事物都没有必然的对与必然的错，这就给领导者决策带来了难度。事后诸葛亮，再聪明也是枉然。儒家正是看出了这一点，从经验中找到了一种充满智慧的中庸方法，即"执其两端，用其中于民"。在避免极端的前提下，先抓住事物背向的

两个点，然后选择胜数最大和风险最小的中间部分。这是一种权衡术与平衡术，一种高明的艺术，历千年而不衰。

2. 执中行权——变通艺术

中庸是一种"权变"智慧，权，即权衡，把握事物的利害；变，即时中，也就是与时俱进。中庸思想的一个重要内容是"权"，即掌握变化。中庸不是一成不变的，否则将没有生命力，它是在变中求得中和，变中掌握"为我所用"的时机。守"中"的原则虽是不变的，但对"中"的理解则是因人而异，因事而异的。在某一场合被认为是中庸的东西，改变了外在条件就不再是中庸了。所以智者应该根据变化了的条件去确定自己的行事准则，为"时中"，也称为"行权"。

3. 栽者培之——用人艺术

《中庸》说："天之生物，必因其才而笃焉。故栽者培之，倾者覆之。"孔子按人的行为分为三种：狂、狷、中行。"狂"者进取，但偏激，言行不一定能一致。"狷"者，谦虚谨慎，但没有很高的理想抱负。最理想的人格是"中行"，也就是兼有"狂""狷"两者的优点，而无它们的缺点。"中行"，就是孔子中庸用人艺术在人格理想上的体现。

4. 大德受命——授权艺术

孔子常常将君子与小人加以对比。君子重义，故能尊重对方不同于己的意见，又能和谐相处；小人重利，只有利益相投才能同处，但一遇利益冲突或意见相左，便不能相互尊重、和谐共处。授权的前提是"和"，在不同的人身上提取智慧，然后把权授予不同的人，这是一个领导者的高明之处。

5. 好察迩言——沟通艺术

掌握中庸智慧，把握沟通艺术，在自己的群体或团队中就可以缓和各类矛盾。在不违反根本原则的前提下，它像一道润滑剂，把上下属之间因观念意见分歧的摩擦而可能产生的矛盾及时化解。摒弃太过极端的做法和偏激的思想，少生许多不必要的烦恼，在可能的冲突中避免不必要的伤害，及时维护好彼此的关系。

6. 从容中道——口才艺术

领导掌握口才艺术当以"人和"为前提。能说会道，只有让人心悦诚服，才能有说服力、感召力，才可以化解人际间的紧张与冲突，有利于组织的建设与稳定。一个领导者在工作中经常要回答一些问题，例如，谈判、答复就是一门艺术。当对方提出问题，你可以表示诚心接受，也可以表示异议不满，但不要被人牵着鼻子走。有时，答非所问是策略，牛头不对马嘴是战术。对于谈话中的问题不要彻底回答所提的问题；不要确切回答对方的问题；让自己获得充分的时间来思考。

7. 宽柔以教——激励艺术

中庸的领导艺术最好的诠释便是"知性好相处"。一个领导者对被领导者要了解，只有及时调整自己与对方的人际关系，把握好赞美与批评的方法，这才是领导者所应该具备的情商、心商。利用各类人才为自己效命，最终成为一位卓越的领导者！

8. 正己无怨——魅力艺术

中庸是对过激行为的校正，对错误倾向的纠正。儒家并不绝对排斥功利，而是反对急功近利、不安分守己、好高骛远。孔子三个月不被启用，便主动推销自己，他还说，为了挣钱，他可以去当车夫，但"君子爱财，取之有道"。一个领导者从内功练起，修养自身，提高自己的德行与才能，那么必然会以自己的魅力吸引一群人，凝聚一群人。

总之，对于领导者来说，中庸之道是一种精深的生存智慧和生命境界。中庸和谐，是一种智慧的提升，也是一门精湛的领导艺术。

2.3.4 中庸管理的五个和谐

孔子的中庸之道的思想告诉我们，人要在宇宙中遵守作为人的天性，不走极端，要尊重自然的客观属性，不要违背宇宙间万物的规律，要从人的本性出发，深刻体现仁义的道德伦理和天人合一的哲学思想。在企业管理中，中庸可以作为一种道德行为，从而对企业产生较大的影响。同时，中庸如上文解释的一样，它不是折中，也不是调和。折中是无原则地主观、随意地把对立的两方面结合起来。调和则是无视矛盾双方的差异和对立，而力图消灭这种对立，追求无差别的统一。中庸之道并非如此,它不是无原则地将双方拼凑、结合在一起,而是承认对立并保持以对立为前提。中庸之道的实质就是和谐,和谐是与对立的结合,不是对对立的泯灭。中庸之道就是努力使企业、员工、社会及自然达到和谐。

大家知道作为明清国家最高权力机枢的故宫三大殿是以保和、中和、太和等三和命名的,其中皇帝每天处理事务和召集文武大臣的殿就是太和殿,太和殿是故宫最主要的建筑,可以说是故宫的中枢。为什么故宫的中枢称太和殿呢?其实太和是管理和统治一个国家的最高境界。中国历代管理者都把太和作为最高的理想和终极的目标,人与自然、人与社会、人与人都是和谐的这种最高形式也就是"天人合一"的哲学。

"和"这个概念产生于音乐,古代统称为乐。乐在今天是艺术的一个门类,"和"是天地之间的大美,人们由音乐之和推行到人世间,由此悟出了治理邦国之道,国有强弱,邦有大小,如果能扶弱抑强利益共赢,在各邦国之间找到一个大家都能接受并遵循的规则,那么天下就太平,邦国就和谐,好比众多乐器奏出了和声。古人先贤把这种寻找和谐的努力称为致中和。遵循着这条致中和的道路方向,先人们又将"和"的理念推行到教化人心。中庸之道管理思想中与各方面的和谐与平衡是其思想很重要的组成部分。

中国化管理的最高境界是太和,太和就是一个大和谐概念,达到大和谐就是中庸管理的终极目标,我们的管理永远是向太和的境界不断靠近。企业家要做到管理的大和谐即太和之道时一定要注意以下五个方面的和谐。

第一，企业一定要与势、与政和。势是指企业全局发展和运动的趋向以及由这个趋向所产生的影响力。也就是所谓的形势。管理者此时要认清形势、适应形势，一定要趁势而上，作为一名管理者，基本功之一便是这种审度的能力。政，就是国家的政令和法规，企业一定要守法经营，这是企业"和"的根本。

第二，企业发展一定要与社会的价值取向相吻合。中国化管理的价值取向是义利统一的和为贵，是一个复合的价值系统。有时因为管理行为偏离了道义，企业盈利不"取之有道"，所以企业也没有了生命力。履行责任，坚守道义，树立正确的价值观，是企业最主要的核心竞争力。

第三，企业发展一定要与自然和。中国化管理讲求以人为本，因地制宜。违背客观规律，破坏与自然的和谐必定会受到自然的惩罚，这是对上面提到的企业管理者具备敬畏之心的进一步警示。

第四，企业管理一定与人和。中国化管理中人际关系的管理很重要。与人和是和谐管理目标的聚焦点。与人和包括：员工与员工，企业管理者与员工，企业与企业有关的人的和谐。

第五，企业家还要与己和。如果企业家与人和是外功，那么企业家还必须要内明。内明就是企业家要与己和。与己和对于企业家很重要。作为一名管理者，虽然事业上很成功，但自己往往感到心累，这便是内明不足的征兆。

中庸之道是中国儒家思想很重要的修身处世理念。中国企业家要贯彻中庸之道管理思想一定要遵循以人为本去进行管理。

第三章

中国文化透出的管理智慧

中国古代管理思想是基于中国哲学产生的，这些管理思想是以中庸之道为主要思想依据，力图达到社会的稳定与和谐。中庸之道蕴含的管理哲学迄今为止仍受到世人的景仰和尊重，并对当今的管理理论和方法产生着深远影响。

第一节
中国先秦六位管理大师

中庸的思想，在孔子以前便已经出现。《论语》中记载，尧曰："咨！尔舜！天之历数在尔躬，允执其中。"《书·大禹谟》的一段话："人心惟危，道心惟微，惟精惟一，允执厥中。"均表明，在尧舜禹时代，中庸思想就已经出现，并得到当时有识之士的高度重视。本书主要介绍从黄帝开始，到尧舜禹时代，再到周公、箕子六位巨人提出的管理思想，其核心都是传统中庸管理思想的一部分。

例如，《尚书·洪范》记载，周武王向殷代的遗臣箕子请教国事，箕子提出九条大法，其中"无偏无颇，无偏无党，王道荡荡"强调"执中"的政治智慧，就可以看作中庸之道的思想源头。

3.1.1 黄帝的九德管理

黄帝，古华夏部落联盟首领，五帝之首，被尊为中华"人文初祖"。黄帝在统一了中国各部落后，开始着手于整个社会的政治、物质和精神文明建设，从而对中国古代历史的发展产生了巨大的推动作用，也为后世君主专制制度的建立奠定了根基。黄帝在位期间，播百谷草木，大力发展生产，创造文字，始制衣冠，建造舟车，发明指南车，定算数，制音律，创医学，等等，是开创中华民族古代文明的先祖。

黄帝建立古国体制：画野分疆，八家为一井，三井为一邻，三邻为一朋，三朋为一里，五里为一邑，十邑为都，十都为一师，十师为一州，全国共分九州；设官司职，置左右大监，监于万国，设三公、三少、四辅、四史、六相、九德（官名）共120个官位管理国家。黄帝对各级官员提出"六禁重"，"重"是过分的意思，即"声禁重、色禁重、衣禁重、香禁重、味禁重、室禁重"，要求官员节俭朴素，反对奢靡。

黄帝提出以德治国，"修德振兵"，以"德"施天下，一道修德，惟仁是行，修德立义，尤其是设立"九德之臣"，教养百姓九行，即孝、慈、文、信、言、恭、忠、勇、义，进行思想道德建设。在使用人才上，访贤、选贤、任能，因才施用。实行以法治国，设"礼文法度""治法而不变"，命力墨担任法官、后土担任狱官，对犯罪重者判处流失，罪大罪极者判处斩首，等等。

之后在《尚书·皋陶谟》中，舜的大臣皋陶提出的"九德"也深受黄帝"九德之臣"的理念所影响。皋陶之"九德"是指：宽而栗（对人宽容但又让其畏惧），柔而立（为人温和但又有力度），愿而恭（提出强迫性要求但又态度谦恭），乱而敬（有治世之才但不随便从事），扰而毅（既驯服又刚毅），直而温（既严肃又温和），简而廉（既抓住大事，也不放掉小事），刚而塞（外部刚强而内部充实），强而义（手握强权而不失道义）。

君王如能任用那些能长期坚持这些德行的人，则是为政之善！汇集具有三德、六德的人的优点，并把"九德"标准全面地推行，知人善任，让有"九德"的人都担任一定职务，是君王应行的管理职能。各级官员都才德出众，相互学习，尽职尽责，那么国家的政教就尽善尽美了。

皋陶的首要政治主张是实行德政，皋陶认为实行德政的关键在于提高人的品德修养，强调君主、群臣的修身应自上而下，由己及人。提出为官者要具备三、六、九德，以三德要求于卿大夫，以六德要求于诸侯，以"九德"要求于天子。指出"以德治国", 见贤是举, 各任其能, 君臣同德同心, 戒慎戒惧, 就能使功成业就的谋略实现。[①]皋陶文化为儒家所传, 为儒家所承, 从而发展为统治中国两千多年的儒家学派思想体系重要组成部分。从《尚书·皋陶谟》中提出的"九德", 也可以管窥皋陶文化的精髓之一"德才兼备, 任人唯贤"的取仕观念, 要求各级官员"勤政廉政""以德治国"。

中国人民大学哲学系教授葛荣晋认为,《尚书·皋陶谟》提及的"九德"最能体现中庸的精神。大连大学中国古代文化研究中心的葛志毅教授认为:"此兼取相对的两端成一德, 应即所谓中德, 相应又引申出中正、中和乃至中庸诸概念。《尚书·舜典》:'直而温, 宽而栗, 刚而无虐, 简而无傲', 据孔疏所言, 亦犹此九德之义。《礼记·中庸》'执其两端用其中', 应有助于对此九德的理解。此乃追求君子道德修养之中正圆融, 品性兼济周备, 是对孔子中庸的提出, 应前有启发。"

3.1.2 尧帝的儒家精神与治国之术

尧, 中国上古时期方国联盟首领, "五帝"之一。《尚书·尧典》称赞尧:敬谨、明达、文雅、有计谋, 而又温和、恭敬、能谦让。他首先以自身才德使众族人信服并紧密团结, 做到"九族既睦";然后又考察百官的政绩, 区分高下, 奖善罚恶, 使政务井然有序;进而团结其他邦族, 使天下百姓和睦相处——"协和

---

① 皮芃:《简说〈尚书·皋陶谟〉"九德"》,《文学教育》2015 年第 3 期。

万邦，黎民于变时雍"，天下安宁，政治清明，世风祥和。

在先秦时期，儒墨两家号称"显学"，两家都推崇尧舜。孔子赞尧："大哉尧之为君也！巍巍乎！唯天为大，唯尧则之。荡荡乎！民无能名焉。巍巍乎其有成功也，焕乎其有文章！"随着儒家在中国文化传统中的地位渐趋重要，尧的品德亦日益深入人心。到唐代韩愈以致宋明理学，"道统"之说大倡，尧遂成为最符合儒家精神的始祖。

在集先秦军事思想之大成的著作《六韬》中，姜太公总结帝尧的治国之道：一是严于律己，不奢华；二是善于用人，赏优罚劣；三是公正廉明，不因自己的好恶而进行赏罚。

周文王问姜太公，说："天下纷杂，有时安定，有时混乱，之所以这样，是什么原因呢？是天命的变化自然就会这样吗？"太公说："君主不贤明则国家危亡而人民动乱；君主贤明则国家安定而天下大治。国家的祸福在于君主的贤与不贤，而不在于天命。"文王说："可以把古时候贤君的事迹讲给我听听吗？"太公说："从前的尧帝，上古时代的人们称他为贤君。尧帝统治天下时，不佩戴金银珠玉，不穿着锦绣华美的衣服；不观赏珍贵奇异的物品，不珍藏供玩赏的宝器；不听淫佚的音乐，不修建高大的围墙和宫室；不修剪茅草覆盖的屋顶；衣服鞋子不破旧就不去更换；不食众多的美味佳肴，不因服役劳作的缘故而耽误百姓耕种的农时；去除私心、约束欲望，致力于无为之治。尧帝自身日常生活的供养则很微薄，征用劳役赋税也很少，所

以天下万民富足安乐而没有饥寒的面色。百姓尊奉他们的君主
如同日月一样，看待他们的君主如同父母一般。"文王说："伟
大啊！这就是贤君的德行。"

3.1.3　舜的庶绩咸熙管理

"咸"是都、全的意思，"熙"是振兴、兴起的意思，"庶
绩咸熙"就是国家百业俱兴的意思（出自"允厘百工，庶绩咸
熙"——《尚书·尧典》）。

舜的政绩，特别是他的管理才干非常突出：如划分行政区
域，全国设12个州；制定有关度量衡的计量标准；制定礼法和
部落联盟内部的管理制度；选贤任能，分派官员时明确其职责
范围、任务目标、行为准则；等等。"舜有臣五人而天下治"，
足见其得贤之能及管理的分工、授权和管理幅度的明晰。

舜委派官员分别掌管土地、农业、手工业、牧业、司法、
教育、文化、祭祀、礼仪等部门的工作。舜命禹担任"司空"，
治理水土；命弃担任"后稷"，掌管农业；命契担任"司徒"，
推行教化；命皋陶担任"士"，执掌刑法；命垂担任"共工"，
掌管百工；命益担任"虞"，掌管山林；命伯夷担任"秩宗"，
主持礼仪；命夔担任"乐官"，掌管音乐和教育；命龙担任"纳
言"，负责发布命令，收集意见。还规定三年考察一次政绩，由
考察三次的结果决定提升或罢免。通过这样的整顿，"庶绩咸
熙"，各项工作都出现了新面貌。上述这些人都建树了辉煌的

业绩，而其中禹的成就最大，他尽心治理水患，身为表率，凿山通泽，疏导河流，终于制服了洪水。舜晚年也仿效尧的做法，不把帝位传给自己的儿子，而是禅让给了禹。

3.1.4　禹的疏通之道

禹，也称大禹、夏禹、帝禹，传说是夏后氏部落的首领，夏朝的第一代君主，也是子承父位、中国奴隶制的创始人。禹受舜的禅让而继位，在位 8 年。

大约在 4000 多年前，我国的黄河流域洪水为患，尧命鲧负责领导与组织治水工作。鲧采取"水来土挡"的策略，治水失败，后由其独子禹主持治水大任。禹接受任务后，首先就带着尺、绳等测量工具对全国的主要山脉、河流作了一番严密的考察。他发现龙门山口过于狭窄，难以通过汛期洪水；他还发现黄河淤积，流水不畅。于是他制定了一项与他父亲的"堵"相反的方针，叫作"疏"，就是疏通河道，拓宽峡口，让洪水能更快地通过。禹采用了"治水须顺水性，水性就下，导之入海。高处就凿通，低处就疏导"的治水策略。禹根据轻重缓急，定了一个治理顺序，先从首都附近地区开始，再扩展到其他各地。据说禹治水到涂山国，即他家所在地，但他三过家门，都因治水忙碌，无法进家门看看。他的妻子到工地看他，也被他送回。大禹治水 13 年，耗尽心血与体力，终于完成了这一件名垂青史的大业。

禹用治水的方法治国，遵循疏导而不是闭塞，让官员各尽其能，百姓各得其所。因其政绩显著，受到人民的拥护。为了便于治水，大禹还把整个地域划分为九个大州，即冀、兖、青、徐、扬、荆、豫、梁、雍州。禹死后不再进行禅让，将王位传给了自己的儿子启，建立了夏王朝（约公元前 2070—公元前 1600 年）。

大禹治水是与治国养民结合进行的，不仅治理水患获得了巨大的成功，而且农业生产也取得了进步。在治水害的同时，大禹还指导人们恢复和发展农业生产，大兴水上运输，重建家园。每治理一个地方，都主动团结当地的氏族部落，完善政权建设，使百姓安居乐业。史书记载，洪水退去后，一块块平原露出水面，大禹带领人们在田间修起条条沟渠，引水灌溉，种植粟、黍、豆、麻等农作物，还让人们在地势低洼的地方种植水稻。

夏禹结束了中国原始社会部落联盟的社会组织形态，创造了"国家"这一新型的社会政治形态。夏禹完成了国家的建立，用阶级代替原始社会，以文明社会代替野蛮社会。

3.1.5 周公的宗法礼制管理

周公，姬姓名旦，是周文王姬昌第四子，周武王姬发的弟弟，曾两次辅佐周武王东伐纣王，并制作礼乐。因其采邑在周，爵为上公，故称周公，被尊为"元圣"和儒学先驱、奠基人。周公一生的功绩被概括为：一年救乱，二年克殷，三年践奄，四年建侯卫，五年营成周，六年制礼乐，七年归政成王。

周公摄政七年，完善了宗法制度、分封制、嫡长子继承法和井田制。周公七年归政成王，正式确立了周王朝的嫡长子继承制。这个制度的最大特色是以宗法血缘为纽带，把家族和国家紧密结合在一起。这一制度对中国封建社会产生了极大的影响，为周族800年的统治奠定了基础。

约公元前12世纪至公元前11世纪，周朝制定的官僚组织和制度，是当时国家管理的集中代表。周公提出敬天、爱民、明德、慎刑的施政思想，提倡以民为本，善待民众。

《周礼》所提出的国家管理典章制度、政府的机构设置以及从政官员的职责规范等，为中国古代国家管理提供了可操作的方案，被后来的治国者参照使用，产生了很大影响。现代国家管理的一些组织、机构、人事、职能的设计与确立，也可以从中找到一定的渊源。

3.1.6　箕子的洪范九法管理

据《尚书·洪范》记载，武王灭商建立周朝后，曾就国家管理问题请教商朝遗臣箕子，箕子提出自禹以来世代相传的"治国大法"一共有九条：

第一条，五行：一是水，二是火，三是木，四是金，五是土。水向下润湿，火向上燃烧，木可以弯曲、伸直，金可以顺从人意改变形状，土可以种植百谷。

第二条，五事：一是仪容，二是言论，三是观察，四是听闻，五是思考。仪容要恭敬，言论要正当，观察要明白，听闻要广远，思考要通达。仪容恭敬就能严肃，言论正当就能治理，观察明白就能昭晰，听闻广远就能善谋，思考通达就能圣明。

第三条，八种政务：一是管理民食，二是管理财货，三是管理祭祀，四是管理居民，五是管理教育，六是治理盗贼，七是管理朝觐，八是管理军事。

第四条，五种计时方法：一是年，二是月，三是日，四是星辰的出现情况，五是历法。

第五条，君王的法则，君王行政要建立法则。聚五福，用来普遍地赏赐给臣民，这样臣民就会遵循君王的法则。凡是民众不要结邪党，百官不要有私相比附的行为，只遵君王法则；凡是臣下有计谋、有作为、有操守的，君王就惦念他们；行为不合法则，但没有陷入罪恶的人，君王就宽容他们；不虐待无依无靠的人，也不畏显贵。一个人有才能、有作为，就要让他施展才能，国家就会繁荣昌盛。

第六条，三德：一是正直，二是刚克，三是柔克。中正平和，就采用正直；对刚强不可亲近的用刚克，对柔和可亲的用柔克，对潜伏深藏的用刚克，对光明正大的用柔克。只有君王才能作福，只有君王才能作威，只有君王才能玉食。臣子不能作福、作威、玉食。假若臣子有作福、作威、玉食的情况，就会害及君王的家，乱及君王的国，百官将因此倾侧不正，百姓也将因此犯上作乱。

第七条，用卜决疑：选择建立掌管卜筮的官员，将所问之事进行卜筮。三个人占卜，要信从其中两个人占得的结果。你若有重大的疑难，则自己首先要反复考虑，其次与卿士商量，再次与庶民商量，最后参考卜筮结果。这样，自身会康强，子孙会昌盛，很吉利。

第八条，各种征兆：一叫雨，一叫晴，一叫暖，一叫寒，一叫风。这五种天气齐备，各据时序发生，百草就茂盛。一种天气过多就不利；一种天气过少也不利。岁、月、日、时无异常，百谷就因此成熟，政治就因此清明，杰出的人才因此显扬，国家因此太平安宁。岁、月、日、时有异常，百谷就因此不能成熟，政治就因此昏暗不明，杰出的人才因此得不到重用，国家因此不得安宁。

第九条，五种幸福：一是长寿，二是富，三是健康安宁，四是遵行美德，五是老而善终。六种惩罚：一是早死，二是疾病，三是忧愁，四是贫穷，五是邪恶，六是不壮毅。

第二节
中国秦以后管理思想概论

中国古代管理思想是中国历代王朝的杰出人物，在从事政治经济、军事、社会、科学、文化活动实践时形成的。这些管理思想大多属于认识性和经验性积累，稳定、和谐及以人为本是其追求的目标。

3.2.1 秦汉至宋元时期的管理思想

秦朝——以法家思想为指导的中央集权政治管理体制

春秋战国时期的混乱局面，以秦始皇统一中国而告终。秦始皇以法家思想为指导和依据，建立起中国历史上第一个中央集权的封建君主专制政治管理体制国家。

秦始皇的第一件事情就是要求臣下为自己制定尊号，以"皇""帝"并称，且自称"始皇帝"，这一做法体现了君主至高无上的权威。与专制皇权相适应的是中央集权的管理制度，以及推行全国统一的行政管理措施，包括统一货币、统一度量衡、统一交通设施。

在思想文化方面，秦始皇开始采用以法家为主、兼容其他学派的做法，阴阳家、儒家、道家都有一定的地位。秦王朝"焚书坑儒"的倒行逆施，以及因穷兵黩武和满足私欲而大量征发劳役，引起民怨沸腾，加速了王朝崩溃。

汉朝——融合先秦诸子百家的儒家治国之术

西汉前期统治者崇尚"黄老之术"。"黄老之术"的中心思想源于老子的"无为而治"，强调"清静无为"，主张与民休息，鼓励发展生产，减轻人民负担，节约国家开支，少兴土木工程，等等。这些思想对于恢复社会经济和安定人民生活起了很好的作用。

"黄老之术"在理论上的阐发主要集中在《淮南子》一书中。书中提出：世界上的事情不可勉强去做，而要顺应其中的自然规律去加以推动，倘能对此有自觉的认识，则"无为"而"无不为"，"无治"而"无不治"。汉初的"黄老之术"到汉武帝的统治时期告一段落。此后，汉武帝在全国征集治国之策，其中，董仲舒"罢黜百家，独尊儒术"的主张最受汉武帝推崇。但是，在现实的国家管理实践中，儒家并非唯一的选择。此时，儒家孔子学说已开始变异，它融合了先秦诸子百家的思想，成了"治国之术"的统称，也成为历代统治者秉承的官方管理哲学。

汉朝还确立了"三公九卿"的中央行政管理体制。"三公"指丞相（政务）、太尉（军务）和御史大夫（监察并协助丞相处理政务）。"九卿"指中央政府各部门的负责人："太常"掌管宗庙礼仪文教；"郎中令"掌管宫廷警卫；"卫尉"掌管首都卫戍；"太仆"掌管宫廷车马仪仗；"廷尉"掌管司法；"典客"掌管诸侯、少数民族及外交事务；"宗正"掌管皇族事务；"治粟内史"掌管国家财政；"少府"掌管皇帝私人事务和财产。以上官员由皇帝任免和调动，外朝官和内朝官，互相牵制，整个行政大权掌握在皇帝手中。

除文化与行政体制外，西汉的经济思想也有了新的发展。司马迁在《史记·货殖列传》中专门为杰出的工商业者立传，并通过此传表达了自己独特的经济观点。货殖是指通过谋求"滋生资货财利"以致富，即利用货物的生产与交换，进行商业活动，从中生财求利。司马迁所指的货殖，还包括各种手工业，以及农、牧、渔、矿山、冶炼等行业的经营。司马迁认为，自然界的物产是极其丰富的，社会经济的发展是不以人的意志为转移的，商业发展和经济都市的出现是自然趋势，人们没有不追求富足的。所以，他主张应根据实际情况，给予商人自由，引导他们积极进行生产与交换，国家不必强行干涉，更不要同他们争利。他反对"重农抑商"政策，主张农工商虞并重，强调工商活动对社会发展的作用，认为其产生是社会发展的必然；肯定工商业者追求物质利益的合理性与合法性；承认物质财富决定着人们的社会地位，强调经济的发展关乎国家盛衰；等等。在当时的历史条件下，司马迁能注意社会的经济生活，并认识到生产交易和物质财富的重要性，这是非常难能可贵的。

魏晋南北朝——多元化统治思想

魏晋南北朝时期，统治思想呈现多元化的特点。在实际的管理实践中，统治者所看中的是"术"而不是"儒"，只要合乎需要，都可以为我所用。在这方面，汉魏交际时期的曹操是代表。他认为，治理国家必须软硬兼施，和平稳定时，应突出儒家的礼义教化；拨乱反正时，则应执法家的刑赏二柄，否则一味用儒家思想就太迂腐了。在用人政策上，曹操一反儒家的"贤人政治"思路，主张提拔那些"不仁不义而有治国之术"的人才，提倡"唯才是举"。

这一时期值得一提的是有关制度合理性和权力合法性的讨论。对于制度合理性的讨论，集中于"名教"与"自然"的关系，有三种代表性的意见：第一，"名教出于自然"；第二，"越名教而任自然"；第三，"名教合于自然"。对于权力合法性的讨论，则因当时皇权更替频繁，故只关注改朝换代的合法性问题，对此，以儒家的解释为主，认为"圣王革命""顺天应人"。此时思想的多元化，还表现在佛教和道教的影响。统治者看到，佛教宣传的五戒（反对杀人、盗窃、淫乱、妄言和酗酒），有利于社会的稳定。南朝梁武帝时把佛教奉为"国教"。

唐朝——开放性的文化特色及用人体制

唐初政治、军事强盛，奉行"中国既安，四夷自服"的方针，实行一种开放的政策。唐初的开明君主李世民重视文化交流，为唐代289年的统治定下了一个开放的基调。唐文化以汉族文化为主体，汉族文化的重要组成部分——儒家有"三人行，必有我师焉"的训诫。作为理念形态的儒家文化以"和为贵"，有相当大的包容性，这也是唐文化具有开放性的一个内在原因。佛教文化也是唐文化的重要组成部分，唐文化之所以具有开放性也是因为受到佛教文化的影响。佛教认为万类不分，一切皆空，主张以慈悲为怀，普度众生，这种普世观念影响了唐文化的开放性。

"贞观之治"时期，唐太宗在用人、纳谏和民本意识方面，达到了古代统治者前所未有的高度。他任用贤才有以下几个特点：其一，不论亲疏；其二，不拘一格；其三，用人不疑；其四，用其所长；其五，赏罚得当。此外，唐太宗还认识到，君主个人的本事是有限的，要治理好国家就必须广泛听取臣下的意见，虚心纳谏。魏征是犯颜敢谏的代表。

唐代在中央行政管理方面推行"三省六部"制度。三省指中书省、门下省和尚书省，其正常的职责分别是下达命令、评议审查和贯彻执行；六部指尚书省下的吏部、户部、礼部、兵部、刑部和工部，属于中央政府的执行机构。

唐代的官员管理特别是其中的官员考核制度很有特色，形成了一套包括考核对象、考核标准、考核方式和组织管理措施的较为完善的体系。关于考试的内容，分为"四善二十七最"，四善："一曰德义有闻，二曰清慎明著，三曰公平可称，四曰恪勤匪懈。"简单地说就是：德、慎、公、勤四个字，这四善是对于所有流内官均适用的一套标准，大多偏重官员德行品性。二十七最，这是针对各个职位的具体工作而规定的不同要求，偏重对其在职才能的考查，这里的"最"是各个职位的任职资格。这类标准恰当、明白，具有可操作性。以此类推。每年一次的这种考核，显然，对于广大官吏是既有鼓励，又有监督。

此外，唐代在人才培养和选拔方面也推行了一系列行之有效的制度。科举考试作为一项重要的制度正式确立起来了，它对于广泛吸收社会精英、扩大统治基础具有重要的作用。该制度对英国的"文官制度",乃至现代的公务员制度,都发挥了重要的影响。

宋朝——高度专权与以"程朱理学"为主的儒家流派

宋代是中国传统社会政治管理的"定型"时期。宋代鉴于唐末皇权衰微、天下分崩离析的教训,采取了一系列措施强化中央集权,形成了皇帝高度专权、中央严密控制地方的政治管理体制。首先,牢牢控制兵权("杯酒释兵权");其次,削夺地方权力(财权、司法权和官吏任免权);最后,限制官员的权柄。"一兵之籍,一财之源,一地之守"统归皇帝一人,皇权走向极端。

行政权力的过分集中,导致机构庞大,职官重叠,效率降低;兵权过分集中,导致将兵分离,指挥失当,战斗力削弱;财权过分集中,导致竭泽而渔,加上朝廷大量养兵、养官,财政入不敷出。为此,北宋中期兴起改革浪潮,其中"庆历新政"和"熙宁新法"最著名。

"庆历新政"的主持者是范仲淹,其改革的中心内容是整顿吏治。具体措施有:

● 明黜陟(限制按年资升迁的制度);

● 抑侥幸(限制贵族子弟做官的特权);

● 精贡举(注重对实际能力、学问品行的考查);

● 择长官(慎重选择地方官);

● 均公田(以厚禄养廉);

- 厚农桑（搞好农业生产）；

- 修武备（实行府兵制，增强军队实力节省养兵费用）；

- 推恩信（信赏必罚）；

- 重命令（厉行法治避免朝令夕改）；

- 减徭役（减免农民劳役）。

"熙宁新法"的主持者是王安石，其重点在整顿财政。新法的内容有：

- 均输法（统筹购买物资，降低运输费用，平抑商品供求，打击囤积居奇）；

- 青苗法（青黄不接的时候，由政府贷给农民钱谷抑制土地兼并）；

- 农田水利法（提倡庶民百姓可以向政府建议浚河筑堤，鼓励富人兴修水利，政府可以为工程提供贷款，按成绩奖励。豪强不得任意垄断水利）；

- 免役法（当役者可以缴纳役钱免役。差役一律由官府出钱进行招募）

- 市易法（防止垄断）。

- 方田均税法（按照地势和土质的肥瘠分为 5 等，依地之等级和各县原来租税数额分派定税。至次年 3 月丈量完毕，公布于民。均税，是对清丈完毕的土地重新定税，目的是抑制土地兼并）。

《资治通鉴》的作者司马光认为：但凡有作为的君主，必须具有"仁""明""武"三种品格，即道德、智慧和才能相辅相成，缺一不可。"仁"，是指实行仁政，开展教化，养育百姓，化育万物；"明"，是指明白治国之道，了解国家的安危形势，识别人才，辨别是非；"武"，是指自有主见，敢于决断，不为奸佞所迷惑。关于"治国之要"，司马光提出"官人、信赏、必罚"的观点，其核心就是解决皇帝用人、用什么人和怎样用人的问题。

程朱理学作为宋明理学的主要派别之一，是指宋朝以后由程颢、程颐、朱熹等人发展出来的儒家流派。程朱理学以"理一分殊"的命题，理既是世界观，也是方法论，同时也是理想的社会规范和政治模式。

3.2.2　明清时期的管理思想

明末启蒙思潮

被后世誉为"中国启蒙思想之父"的黄宗羲，撰写的《明夷待访录》被近代启蒙者维新派代表人物康有为、梁启超等称为"启蒙之书"。在《明夷待访录》中，黄宗羲继承了孟子"民贵君轻"的民本主义思想，并提出了具有时代意义的新课题，比如，天下归谁所有？治法先于治人，公天下是非于学校，等等。他猛烈抨击封建君主专制制度，表示君主"以天下之利尽归于己，以天下之害尽归于人"，得出君主专制是"天下之大害"的结论。黄宗羲的民主思想，促进了十九世纪民主意识的觉醒。历史证明，维新派的"兴民权"，孙中山的三民主义，"五四"时期的"民主与科学"，无一不受到黄宗羲民主启蒙思想的影响。即使在当代，黄宗羲的思想对天下观与法治观、社会公仆观、权力制约观等依然具有现实意义。

黄宗羲探讨了君主制度的起源，认为人类社会可分为三个阶段：一为无君的时代；二为立君为公的时代；三为君主谋私利的时代。关于君臣关系，他认为，君与臣"名异而实同"，都是为治理天下而设立的管理职位，臣的职位并不是为了君主而设立，而是为了天下而设立。黄宗羲认为，真正的"法"，应该是为天下百姓利益着想的政治管理规范。

黄宗羲还提出"有治法而后有治人"的观点。他认为，在政治管理活动中，制度和规范是起决定作用的。此外，他还突出了"天下百姓"即人民群众的地位和作用，从而把传统政治思想中的"民本"精神发挥到了极致。遗憾的是黄宗羲止步于此。

清代政治管理制度和变法

清代集中国古代政治管理制度之大成，并把传统的专制思想发展到极端。包括以下几个方面：

绝对君主制度：一是强调"君臣为五伦之首"；二是贬低大臣而抬高君主的作用；三是坚持不设宰相，乾纲独揽。

中央辅政制度：清代建立起军机处与内阁相辅相成的双轨制，内外有别。二者相互配合又相互制约。

地方行政制度：清代地方行政区划，继承元、明以来的行省制、督抚制，以及"布政使（主管一省行政事务）""按察史（主管刑事案件、纠察官吏）"和"学政"（负责一省教育行政），府、州、县和"保甲制"。每十户立一牌长，每十牌立一甲长，每十甲立一保长。该制度的建立，标志着在专制统治下基层行政管理组织的严密和强化。

19 世纪 60 年代初，清王朝为挽救封建统治，以"自强求富"为口号，以"中学为体，西学为用"为指导思想开展了洋务运动。以李鸿章为代表的洋务运动首先兴办近代企业，其次建立新式军队，再次创办新式学堂，最后改革官制，倡导设立议院。洋务运动是一场有清朝特色的维护清政府统治的改革，甲午战争的惨败宣告了洋务运动的破产。洋务运动引进了西方先进的科学文化知识，积极派遣留学生，是中国近代教育的开始，客观上为以后的维新变法准备了大量人才和技术基础，也使资产阶级登上历史舞台，为以后奠定了阶级基础。

3.2.3　中国近现代管理思想

以康有为为代表的维新变法是近代中国一次思想潮流的解放。资产阶级维新派提倡新学，主张兴民权，对封建思想进行了猛烈的抨击，为近代思想启蒙运动的蓬勃兴起开辟了道路。维新派试图在政治上建立资产阶级君主立宪制，在经济上发展民族资本主义，符合历史发展趋势。维新派重宣传"兴民权"，大大提高了全社会的民主意识和参政意识。从此，民主主义成为汹涌的社会思潮，极大地改变了中国思想文化界的面貌。

孙中山举起"革命"的旗帜，建立"兴中会"，提出"驱除鞑虏，恢复中华，建立合众政府"的主张。1905 年成立"同盟会"，更进一步提出"驱除鞑虏，恢复中华，建立民国，平均地权"的完整纲领，对该纲领的阐述，即三民主义。

三民主义是指"民族主义""民权主义""民生主义"，而且被分为旧三民主义和新三民主义。旧三民主义是指：

- 民族：狭义的汉族，就是"反满"。"驱除鞑虏，恢复中华"；
- 民权：揭露和批判封建专制主义；
- 民生：核定地价，平均地权。

新三民主义是指：

- 民族：中华民族；
- 民权：强调国家政权为"一般平民所共有"，即强调它的人民性、群众性。"凡真正反对帝国主义之个人及团体均得享有一切自由及权利。"这样将资产阶级民权政治与反帝民族主义斗争相结合，是一种巨大的进步和飞跃；
- 民生：节制资本，耕者有其田。

孙中山认为欧美的进步，关键在于民族、民权和民生这三大主义。孙中山提出的"五权宪法"，即在三权外加上"考选权"和"纠察权"，其目的在于"将外国的规制和本国原有的规制结

合起来"，以建立一套行之有效的完善的政治管理体制。此后，
"辛亥革命"成功，使中国逐步融入现代世界发展的潮流，在这
以后，特别是新中国成立及改革开放以来，中国走上政治民主
化、经济现代化和管理科学化的康庄大道。人类管理思想与实
践也向东西方融合的方向发展。

第三节
中国古代管理思想的内容及框架

中国封建社会的管理思想由于特定的地理环境、农耕社会
的传统以及伦理型文化的特点，加之 2000 多年封建专制制度的
深厚影响，使中国古代的管理思想侧重于宏观的政治和国家管
理的治国学，以及微观管理的治生学。

治国学适应中央集权封建国家的需要，包括财政赋税管理、
人口田制管理、市场管理、货币管理、漕运驿递、国家行政管
理等方面；治生学则是在生产发展和经济运行的基础上，通过
官民的实践逐步积累起来，包括农副业、手工业、运输、建筑
工程、市场经营等方面的学问。

历朝历代留下了大量政治管理的智慧和经验，其基本特点
是：中国文化虽然在西汉武帝时期开始独尊儒术，后期表现为
儒、释、道三者的合而为一，但在统治阶级的实际统治中，还

是杂糅百家思想。其中，中国古代管理思想的主干管理思想是儒家、道家和法家，三大学派的组成结构如图1所示。儒家、道家和法家管理思想的内容框架如图2、图3和图4所示。

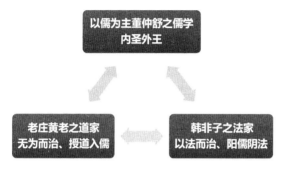

图1　中国古代主干管理思想学派组成结构

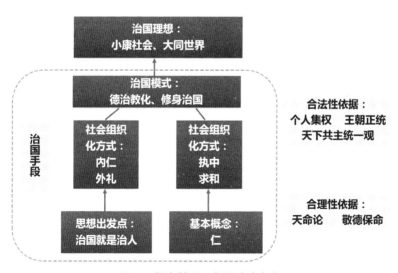

图2　儒家管理思想的内容框架

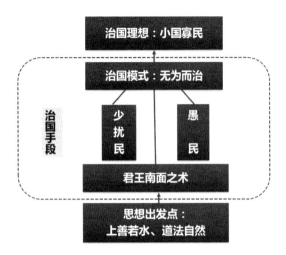

图 3　道家管理思想的内容框架

图 4　法家管理思想的内容框架

中国古代管理思想中典型的思想观点如下：

一、以专制集权主义为核心，强调君权的至上性。

二、追求简单大一统，一味求同，泯灭个性。

三、注重顺道而为，这里的道属于客观范畴的"道"，指客观经济规律，代表人物是管子和司马迁。"顺道"，或者"守常""守则""循轨"是中国古代管理活动的重要指导思想。

四、以人为本，注意协调人际关系。这里的重人，表现为重人心向背，重人才归离。我国历来讲究得人之道，用人之道，关注天地人三者的和谐。

五、守信。强调办一切事情都要守信，"言而无信，不知其可"，信用和信誉是人们之间建立稳定关系的基础，也是国家兴旺和事业成功的保证。

六、利器：工欲善其事，必先利其器。利器思想成为贯穿古今，兴邦立业的重要思想。

七、求实和对策。古代研究对策的两个要点：一是预测，二是运筹。

八、节俭。我国人民在理财和治生过程中，历来强调开源节流，崇俭黜奢，勤俭建国和勤俭持家。

九、法治。用法家的理念治国，一直强调以法治国。

总之，中国管理的特点离不开管理哲学，但是从近代开始，在欧风美雨（西学东渐）的洗礼下，中国古代管理思想历经社会的改良与革命，从而进入了一个新的历史发展时期。新中国成立后，特别是改革开放四十年来，中国管理思想才进入了一个新的发展和前所未有的高度。

第四节
中国古代管理思想的五个特征

中国古代管理思想的发展，先秦是以对自然的认识和经验的不断积累为主，相对来说比较单一和简单。之后，诸子并起、百家争鸣的时代产生了大量先进的思想观念和实用的指导理论，其中有些观点已经融会贯通形成了独具中华特色的管理思想。到了汉代，儒家学说成为统治者主要的治理思想。这些管理思想概括起来大致有五个特征，即以人为本、以德为先、中庸之道、无为而治、以和为贵。这五个特征可以说是以中庸之道为主，其他四个特征是围绕中庸之道而展开的。

3.4.1 以人为本

中国传统思想就是注重以人为本，中国传统文化的核心也是一个"人"字，这种以人为本的管理思想非常重视人的价值。从古老的典籍《尚书》提出"惟天地万物父母，惟人万物之灵"之后，绵延数千年，绝大多数思想家都认同"天地之间人为贵"的思想。《黄帝内经》云："天覆地载，万物悉备，莫贵于人。"军事家孙膑说："间于天地之间莫贵于人。"清代大儒王夫之说："天地之生，人为贵。"

纵观历史，在治国管理方面就把人放在第一位，认为国家的兴亡与人才有着密不可分的关系。有道是"争天下必先争其人"，同时传统的管理思想具有浓烈的民本思想，如孟子提出的"民为贵，社稷次之，君为轻"，孔子提出的主张"爱人""爱众""重民"等人本位思想。

"以人为本"的思想分为得气说、智慧说、道德说三种类型。

1. 得气说

在中国古代的宇宙观中，阴阳五行思想最具代表性。《礼记·礼运》中说："人者，其天地之德，阴阳之交，鬼神之会，五行之秀气也。"意思是说人得天地之精气，通过阴阳的交合、神秘莫测的变化，凝结了五行之中最精粹的部分，所以是最为宝贵的。

2. 智慧说

智慧说是指人的智慧高于一切动物，所以人是最聪明和最高贵的。荀子说："……人之所以为人者，非特以期二足而无毛，以其有辨也……夫禽兽有父子而无父子之亲，有牝牡而无男女之别。故人道莫不有辨。"

3. 道德说

中国古代思想家十分重视伦理道德，以道德论人性和人生修养，乃至管理社会和国家。道德说在古代思想中具有重要的地位，也是人与禽兽区别的重要标志，由此而阐述了"人为贵"的思想。荀子说："水火有气而无生，草木有生而无知，禽兽有知而无义，人有气、有生、有知，亦且有义，故最为天下贵也。"

中国古代管理心理思想的人本特色，主要表现在以"人道"代替"天道"，相信人的智慧和力量，重视人的价值和地位，考虑人际和谐，善于运用人的智慧和计谋，等等。

3.4.2　以德为先

"以德为先"也是中国古代管理思想中很明显的特征之一，曾有古人言"为政以德，修己安民"。以儒家为代表的古代管理思想认为，德的主要内容是"仁、义、礼、智、信"。考察德的指标包括强志、重信、轻财、守道、明察、诚实、自省、实干、谦虚、睿智、无私。

- 仁：其核心指人与人相互亲爱，孔子以之作为最高的道德标准。

- 义：义本意为仪制、法度。丈义（主持正义）；义断恩绝（恩情道义断绝）；义不容辞（道义上不容推辞）。

- 礼：本义是指祭神求福。礼（禮），履也，所以事神致福也。

- 智：智慧。

- 信：本义是诚意。信，诚也。信，言合于意也——《墨子经》；信者，诚也。专一不移也——《白虎通·情性》。

以儒家为代表的中国古代管理心理思想认为：实现德的方法是"身修而后家齐，家齐而后国治，国治而后天下平"。"修己安人"包含了根本性的管理方法。"身修"是让管理者做出道德示范，通过榜样影响被管理者的行为，从而达至"平天下"的目的。这种管理讲究的是：管理者并不提出具体的管理要求，而是在管理者的道德威望下自然达到良好状态。

儒家管理心理思想非常注重人格（非权力）影响力在管理中的作用。现代管理心理学同样认为：品格因素作为一种非权力影响力，是反映领导者内在素质最重的指标。优秀的品格因素会给领导带来较大的影响力和树立良好的威信，使下属产生敬重感，作为学习的榜样。领导者的品质对确定领导的威信与权力起着很大的作用。

3.4.3　中庸之道

中庸之道亦即君子之道，是传统儒家修行的法宝，"中庸之为德也"是孔子在德行上的要求，反对行为上走极端。孔子还说"过犹不及"，主张"中行"。中者，天下之正道，不偏不倚，无过与不及之名；庸者，天下之定理，平常也。中庸之道体现在管理上，就是正确掌握事物发展的度，其基本精神是通过取常，达到消融管理矛盾、避免管理冲突、稳定管理秩序的目的，以实现管理的和谐发展。

《礼记·中庸》强调"执其两端，用其中于民"，程颐对此的解释是"不偏之谓中，不易之谓庸"。中庸之道不能简单地用折中主义的观点来解释，运用于管理中大致包括了以下几方面：

1. 凡事要适中和适度

作为一种重要的管理原则和方法，中庸之道反对处事走极端，主张任何事都要遵循一个适当的"度"。《论语·先进》得出处理事物的方法：无过无不及。《论语·子路》中也论述："不得中行而与之，必也狂狷乎！狂者进取，狷者有所不为。"管理中应提倡的是"中行"，凡事都要适中和适度。

2. 统一把握好矛盾的双方

所谓的"执两用中"，这样就能统一考虑到矛盾中对立的两极，不至于出现偏颇，在对立面的互补中取得一种整合效应。

3. 掌握灵活多变的原则

中庸的一个重要原则是要能衡量事物的情势相应地变通。只有这样，才能真正掌握它的要领。中庸之道正是以这种灵活多变而见长。

4. 保持矛盾双方的协调与和谐

"中和"的目的是追求人与人、人与社会、人与环境之间的和谐，但儒家所说的"和"并不是无原则的"和"。孔子有明确说明，"君子和而不同，小人同而不和"。不同的东西相互协调配合叫作"和"，"和"的各方面有所不同，相同的东西叫作同，同的各方面之间完全相同。由此可以看出孔子反对在管理中人云亦云，盲目附和，而是追求一种有原则的协调与和谐。

3.4.4 无为而治

《老子》中记:"我无为,而民自化;我好静,而民自正;我无事,而民自富;我无欲,而民自朴。"其强调无为才能无不为,所以无为而治并不是什么也不做,而是要靠万民的自为实现无为无不为,靠万民的自治实现无治无不治。同时,"上无为而下有为"是道家和法家共有的观点。道家认为天地万物由道化生,道的基本规律是自然而然,所以人类应该仿效大道,顺其自然。

《老子》中记:"道常无为而无不为",人道要效法天道。就管理者来说,无为是指人适应自然,自觉服从客观规律的管理行为过程。道家的管理宗旨就是通过"无为",最后达到"无不治"的管理效果。"无为而治"在管理实践中,可以减少管理的心理阻力,避免引起反感;可以减少冲突;可以充分发挥组织机构的作用。

3.4.5 以和为贵

孔子说"礼之用,和为贵",孟子说"天时不如地利,地利不如人和",荀子说"万物各得其和以生"。儒家管理文化十分重视"和",提出"中和"的概念:"中也者,天下之大本也;和也者,天下之达道也。致中和,天地位焉,万物育焉"。"和"的思想是中国儒家文化的核心。

以和为贵,在中国古代无论是儒家,还是兵家、法家,等等，都主张追求管理中的"和"。这种"和"既是"和谐"的意思，也有"协调""合作"的含义，因而它实际上是中国"和合文化"的精髓。和谐、和睦、和平、和善、祥和，作为一种价值观念也影响着人们的管理思想和行为。

总之，以人为本、以德为先、中庸之道、无为而治、以和为贵是中国古代管理思想的五个显著特征。历史经验已经证明，如果国家和民族重视人本民本，重视德治而后法治，重视精神文化的力量，尊重自然规律并强调人与人、人与自然和谐相处，则社会进步、国家富强、人民幸福。

第四章

中国传统哲学中的管理智慧

　　我们在研究国外的管理思想时，无论是西方的还是日式的，其实它的理论来源都是中国的哲学思想。无论是彼得·德鲁克的任务、责任、实践的管理理论，还是迈克尔·波特的差异竞争论，还是加里·哈默尔的核心竞争力，还是亨利·明茨伯格的战略和经理人角色，归根结底都是一些管理的方法和手段而已。这些管理的方法和手段，其实在浩瀚的中国传统哲学中都能找到与他们几乎一致的管理理论。

　　中国的哲学思想是世界管理学的源头活水，西方管理学家所论述的管理思想，其实质就是中国传统哲学"内圣外王"的哲学之道。管理对于人而言无外乎——管好自己和管好别人。西方管理学家用了一大堆词语解释什么是管理，可我们的老祖宗用了四个字就把管理解释清楚了，这四个字就是"修己"和"安人"。西方管理学家用了一大堆词汇来论述企业愿景，其实我们的古人也用了四个字就说得很清楚，这四个字就是"内圣"和

"外王"。仔细想一想，做企业能达到内圣外王这个愿景，这个企业肯定是一个伟大的公司。

秦代以后的历代王朝，统治者们一方面着重于治国的管理实践，另一方面着重于生产和分配的组织，从而形成了综合性的宏观管理思想，即以儒家、法家、道家、墨家、兵家思想为代表的五大管理思想体系，这也是治国之道的集中体现。其中，儒学为主、道法为辅是中国古代主干管理思想的学派结构（如图 5 所示），儒家的核心价值观中庸思想在中国古代管理思想中始终占据着重要地位，也是历代统治者们的道德标准和决策准则。儒家"内圣外王"的治国模式，即"内圣"就是进行修身养德，"外王"就是齐家、治国、平天下，也成为中国古代主干管理思想的内核，从而对中国古代文明产生了重要的影响。

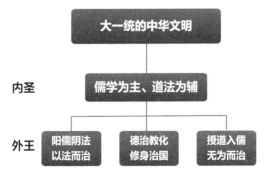

图 5　中国古代主干管理思想的学派结构

第一节
《易经》中的管理智慧

《易经》是中国本源传统文化的精髓，被誉为群经之首、大道之源，是中华文明的源头活水，是中国古代杰出的哲学巨著，历经 7000 多年的历史经久不衰，奠定了中华文化的重要价值取向，开创了东方文化的特色，对中国的文化产生了不可替代的重要价值和巨大影响。

中庸思想及中庸管理之道的源头其实是来自《易经》。《易经》的核心就是"一阴一阳谓之道"。所以如果不掌握阴阳的平衡，物极必反，事物就会朝相反的方向发展。所以阴阳中和非常重要。

《易经》中根据阴阳的发展变化，指出事物有"三易"，分别是：不易、简易和变易。其中的"不易"就是说，世间的万事万物是不断发展变化的，而且是错综复杂的，但无论它是一个千头万绪的大事还是一个简单的小事，其变化的根本规律是不变的。所谓"殊途同归"，就是对这种现象很好的形容。所以《易传》里说："天下何思何虑？天下同归而殊途。"意思是说，世间万物有什么好思虑重重的呢？虽然采取的方法不同，走过的路不同，最后都是归结到一个点上，都是达到了一个目的。《易经》中认为，虽然一切事物表面上看起来各有不同的内容、规律、状态等，但从哲学意义上来说，其本质和根本规律都是一致的。

明白了"不易",从而就引申出了"简易"。"简易"就是把复杂的问题简单化。为什么能简单化？因为万事万物都有"不易"的共同点。有了这个共同点，就可以想办法简单、快捷地了解事物的变化，抓住事物的关键点、主要矛盾。主要矛盾解决了，其他问题就不在话下，迎刃而解了。

《易经》的简易也是最高的原则，宇宙间不管有多么奥妙的事物，当我们的智慧足够了，了解它以后，就成为平凡，而且非常简单。再复杂的事物，用"简易"的思维，就能很简洁地找到发展规律，并看到结果。

《易经》告诉我们，所谓变易，就是说世界上的事，世界上的人，乃至宇宙万物，没有一样东西是不变的。易就是变，《易经》理论就是以"变"的观念，作为其看待事物的主导思想。"变易"就是说，事物从产生到发展总是不断地发展、转化着，而《易经》就是要研究和掌握这个不断发展变化的规律。时间不同，环境不同，情感亦不同，精神亦不同。万事万物，随时随地，都在变中，非变不可，没有不变的事物。具备智慧的人，不但知变，而且能适应这个变。

无论是简易、不易和变易，只要遵循中和的思想，就都能把握事物的主导权。所以《易经》的核心思想也包括中和，中和即中庸，后来中国文化中的中庸思想均源于此。《易经》思想又称易道，易道贵中和，中和的实质性的内涵，可以归结为阴阳协调，刚柔并济，双向互补，动态平衡，是事物生生不息持续发展的内在动力。总体上中和是从阴阳哲学的基本原理自然引申而来，其思想主要体现在以下几个方面。

4.1.1　阴阳平衡

《易经》是中国传统思想文化中自然哲学与伦理实践的根源。《易经》揭示的是自然界简单而深刻的阴阳平衡的现象，即使以现代眼光看，大到天体运转，小到原子内部的正负电子的运行，无一不遵守阴阳平衡的规律，大千世界几乎无所不包涵其中。阴阳平衡是生命活力的根本。阴阳平衡就是阴阳双方的消长、转化保持协调，既不过分也不偏衰，呈现出一种协调的状态。阴阳之间的消长运动，如果是在一定范围、一定程度、一定限度、一定时间内进行的，这种消长运动往往不易察觉，或者变化不显著，事物在总体上仍旧呈现出相对的稳定，此时就称为"平衡"。有这种运动变化，万物才能生生不息。

《易经》认为阴和阳在一定条件下可以相互转化。阴阳转化主要是指事物整体上阴阳属性的改变。任何事物都存在阴阳两个方面，孰主孰次就决定了这一事物当时的主要特性。事物内部阴阳的主次不是一成不变的，他们处于消长变化之中，一旦这种消长变化达到一定阈值，就可能导致阴阳属性的相互转化。阴阳的转化一般都出现在事物变化的"物极阶段"，即"物极必反"。这里的极，是指事物发展到了极限、顶点，这个是促进转化的条件。如果说"阴阳消长"是一个量变过程的话，则"阴阳转化"往往表现为量变基础上的质变。

4.1.2　曲成万物理念

《易经》的另一个重点，是"曲成万物而不遗"。懂了《易经》的法则以后，能够了解宇宙万有的一切运用，这个运用的原则是"曲成"。这个"曲"字，举凡老子、孔子、儒家、道家以及诸子百家的思想，都从《易经》文化中而来。《易经》这个名词称曲成，老子的"曲则全"，就是从《易经》这个观念中来的。

"曲成万物而不遗"，"曲"就是弯曲，即顺从。这里的意思是完全吻合地跟随，用尽一切方法普遍地成就万物。"而不遗"，即没有遗漏，宇宙在生长万物的过程中，很可能在某些地方对某些物和某些人的生长过程有所忽略或不足。当有所忽略或不足时，我们就根据那事物的生长规律略为帮助它。"曲成万物而不遗"的意思是，巨细不遗漏地促进万物的合理生长，超过的就压抑它，不足的就帮助它，令它能够完成正常生长的过程。

人们学《易经》、习《易经》，若循此而行，奉天命，知机顺势而为，就能恪守中正，不走极端。人们当效法圣人施仁义、济苍生，在认知、处人、做事之思式上，依据天地万物生成变化，做到兼容并蓄、顺势用柔，就能思行慎密，不留隐患！

4.1.3　忧患意识理念

《周易》这部书有着强烈的忧患意识，其本身就是产生在"忧患"之中，忧患意识作为一种文化精神贯穿于《周易》的始终。

商朝末年，殷纣王把周文王姬昌囚在羑里，周文王怀着满腔的忧患作《周易》。"作《周易》者，其有忧患乎？"(《周易·系辞下》) 最终作为胜利者的周文王及其后代，并没有被胜利冲昏头脑，而从商朝灭亡中认真总结经验，避免周朝重蹈覆辙？《周易·系辞下》曰："是故君子安而不忘危，存而不忘亡，治而不忘乱，是以身安而国家可保也。"意思是说，君子居安不忘危险，生存不忘灭亡，处治世而不忘祸乱。忧患意识，没有时间限制，也没有特定对象，适用于各个阶层的人。身安，是对个人而言；家安，是对家庭而言；国安，是对统治而言。《周易》告诉我们，在任何时候，人们都要保持头脑清醒，必须保持忧患意识，只有这样，才能使个人得以平安，国家也得以保全。

"生于忧患，死于安乐"这句至理名言源自儒家经典《孟子·告子下》，其文曰："人恒过，然后能改，困于心，衡于虑，而后作；征于色，发于声，而后喻。入则无法家拂士，出则无敌国外患者，国恒亡。然后知生于忧患，死于安乐。"意思是说，人经常犯错误，然后才能改正；在内心中有困扰，在思想上有阻碍，这样一来才能奋发；人的内心想法在脸上流露出来，从声音中抒发出来，这样以后才被人知晓。在国内没有遵守法度的大臣和足以辅弼的士人，在国外没有与之抗衡的国家和外在的忧患，那么这样的国家常常会灭亡。在忧患的环境里可以生存发展，而在安乐的条件下便会衰亡。孟子深谙忧患之理，用忧患意识提醒人们进行自律，并用忧患意识来对待人生与成功。

4.1.4　厚德载物理念

"厚德载物"出自《易传·坤卦》，"地势坤，君子以厚德载物"。所谓"厚德"，即最高尚的道德；所谓"载物"之"物"，不只专指万物，首先是指一切人。"人"与"物"可以联用，称之为"人物"。厚德载物，即一个有道德的人，应当像大地那样宽广厚实，载育万物和生长万物。做人首先要强调厚德，不断提高自身的道德修养。只有增加了内涵，具备了崇高的道德和博大精深的学识，践行了仁、义、礼、智、信等道德规范，才能成为君子，才能具有强烈的责任感和使命感，才能关心人、爱护人，以正直和与人为善的态度处理好人与人之间的关系，兼容并蓄。

"厚德载物"有利于培养现代道德人格。儒家追求"厚德"的君子人格，集孝、悌、忠、义、礼、信、诚等诸多道德于一身，几乎成为中国传统道德的化身。

而儒家君子人格所具备的诸种道德品质为现代理想人格提

供了理论模式，现代理想人格依然寄托着人们的期待和追求。它要求人们要有广博的爱心，乐善好施；要有道义感，见义勇为；要有道德操守、讲诚信；要正确处理义利关系，见利思义；要有承担责任与苦难的勇气；等等。

"厚德载物"的人文特质有利于构建和谐社会。"厚德载物"作为一种博大的精神素养，它概述了对人与自然、人与社会、人与人之间关系要和谐、协调的深刻认识，是播种和谐的种子。"厚德"强调个人内在道德修养，对构建和谐社会有其独特的意义。它可以使人在喧嚣的尘世搅扰、利益之争和现实矛盾的漩涡中，获得一种内在的超越感和一份心灵的宁静，从而为每个人处理好与他人、与社会的关系奠定心理基础。在竞争日趋激烈的社会现实中，如果我们注重自我修养，在人际互动中约束个人行为，减少人际摩擦，化解人际中的紧张与冲突，自然就有利于形成稳定和谐的社会环境。在当今多元化、多样性的社会中，"求同存异、包容共济"，这对调节各种关系和矛盾，使社会和谐稳定发展至关重要。

4.1.5　谦虚谨慎理念

在《易经》中，有一卦六个爻都是吉祥的，这个卦就是《谦卦》，而《谦卦》其实就是秉持中庸之道。《谦卦》卦辞说："谦，亨。君子有终。"这句话是说："谦卦，亨通。君子会自始至终地以谦恭的姿态处世为人，会得到好的结果。"

谦，躬屈下位，先人后己，谦虚、谦逊之义。《说文解字》曰："谦，敬也。""谦受益，满招损"，也是来自《周易》的启示。事业大成之后，必须保持谦虚谨慎，这样才能做到"君子有终"，这也是保持"大成"的必备前提。《谦卦》告诉我们如果想要保持长久成功和一生平安，必须做到谦虚谨慎，也就是干事情一定要掌握度。过者生变，保持中庸状态，这便是《谦卦》给我们的启示。

4.1.6　保合太和理念

《易经》是中华民族智慧的集大成者，"和谐"是中华民族核心价值观的重要内容，和谐思想来源于《易经》。

《易经》曰："乾道变化，各正性命，保合太和，乃利贞。首出庶物，万国咸宁。"意思是乾道产生变革和化生，万物各自得其属性与寿命之正，保全协调太和之气，成天道之正。先有众生和万事万物，万国均得安宁。

哲学家朱伯崑对太和、保合、中和的解释比较贴切。他说："这就好比是北京故宫的太和、中和、保和三大殿的名称。'太和'就是最伟大的和谐；'中和'就是讲究阴阳，刚柔互补；'保和'就是保持中和，就是当它不和谐的时候，进行一种管理调节使之和谐。"太和，是最高层次的和谐，包括人与自然之间的和谐以及人与人之间的和谐。保合太和，就是要通过人的主观努力，加以保合之功，不断地进行调控使之长久保持和谐，来造就人们所期望的万物繁庶、天下太平的良好局面。

老子说："道生一，一生二，二生三，三生万物。万物负阴而抱阳，冲气以为和。"这里所说的"和"，就是阴阳二气互相交合，成为均匀和谐的状态，从而成为新的统一体。《论语》说："礼之用，和为贵，先王之道，斯为美。"讲的是礼的应用，以和谐为贵，古代君王的治国方法，先贤流传下来的道理宝贵的地方就在于此。《周易》总括儒、道两家的观点，以"太和"的思想，把自然和人类社会看作一个整体，"推天道以明人事"，以这种"和谐"的规律，来谋划一种和谐的社会发展前景，使社会君臣、父子、夫妇、兄弟诸多人际关系能够像天地万物一样和合畅达，各得其所。《周易》所追求的就是这种以"太和"为最高目标的天与人、社会与自然的整体和谐。

4.1.7　元亨利贞理念

《易经》里面有四个字最常见：元、亨、利、贞，比喻人生和事业历经的四个阶段："元"是开启，"亨"是发展，"利"是收获，"贞"是守成。那么我们如何把握这四个阶段呢？简言之：以仁心开启事业，以诚信发展事业，以大义收获成果，以守成巩固成果。这四个阶段中的仁心、诚信、大义及守成也正是中庸思想的体现。

元：最好的开始

"元"是万物的开始，所谓"一元复始，万象更生。"所以

"元"，就是讲开始。那么什么样的开始才好？《易经》告诉我们，"元者，善之长也。"我们的开始，要确保是善增长的方向，所以有句话叫作"君子慎始"，即我们的开始一定要特别小心。《易经》告诉我们，只有向善增长的方向才是好的开始，也才是我们要的开始，如果是向恶增长的方向的开始，那绝对是不允许的。

亨：事业亨通

诚信严明，方能事业亨通。

"亨"又是讲什么呢？是讲发展，什么样的发展才是我们要的发展呢？《易经》讲："亨者，嘉之会也。""嘉"是美好德行的意思，能够把"嘉"汇集过来的发展才是我们需要的发展，所以"元、亨"都是以善、以嘉为基础。"嘉之会"要诚信严明，"人而无信，不知其可也"，诚信是德行的基础。

利：收获富足

以义为利，方能收获富足。

"利"是什么呢？我们做任何事，不能不考虑到利益的问题，利就是取用的原则。所谓"君子爱财，取之有道"。什么样的"利"是我们可以要的，什么样的"利"是我们不可以要的。《易经》给了我们这样的取用原则："利者，义之和也。"我们在做任何事的时候，在我们的人生当中，都会涉及利益，要有一套取用的原则。这个"利"不是随便的利，是一定要建立在义的基础上；义，就是正义，是利益他人的、利益社会的，这叫作义。

贞：事业常青

《易经》："贞者，事之干也。"程颐说："贞者，万物之成。""贞"既代表事物、事业的守成，也代表事物、事业的新发展，即开启下一个"元、亨、利、贞"的循环，这用《易经》话语表达就是"贞下起元"。在能否开启新发展中，戒骄戒躁和求新求变同等重要。

第二节
儒家管理思想

儒家思想影响中国 2000 多年，对中国文化的发展起了决定性的作用。在中国文化的伦理观念中，无不打着儒家思想的烙印。先秦时，儒家是最有影响的学派之一，和墨家并称显学。儒家在秦始皇时期"焚书坑儒"受到重创，在汉武帝时期为维护专制统治实施"罢黜百家，独尊儒术"后，成为最有影响力的学派。

儒家管理思想的核心是"中庸之道"。儒家管理思想的主旨是仁义，舍生取义，以仁孝治国，后来逐步发展为以仁为核心的思想体系。儒家管理思想的内容框架如图 6 所示。儒家管理哲学的基本精神以"仁"为中心，把人以及人际关系作为自己理论的出发点，主张用教化的手段感化百姓，从而达到治理的目的。

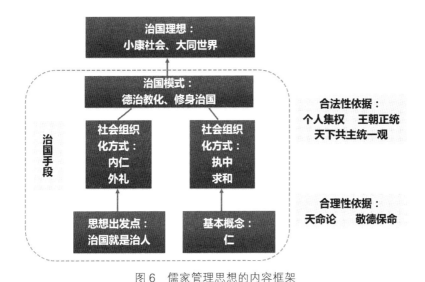

图 6　儒家管理思想的内容框架

儒家管理思想讲"为政在人""为政以德""正己正人"，在管理的载体、手段、途径等方面提出了独到的见解。

在管理的载体方面，儒家管理思想明确把"人"作为管理的主体和对象，管理的本质是"治人"，管理的前提是"人性"（善恶），管理的方式是"人治"，管理的关键是"得人"，管理的组织原则是"人伦"，管理的最终目标是"安人"——一切都是人。

在管理的手段方面，儒家强调"为政以德""为政以德"主张以教化手段感化百姓，从而达到治理的目的。《论语·为政》："道之以政，齐之以刑，民免而无耻；道之以德，齐之以礼，有耻且格。"

在管理的途径方面，儒家提出"修身、齐家、治国、平天下"。"修身"即管理者的自我管理是一切管理活动的根本，只有管理好自己，才能管大事。《礼记·大学》："古之欲明明德于天下者，先治其国；欲治其国者，先齐其家；欲齐其家者，先修其身；欲修其身者，先正其心；欲正其心者，先诚其意……"

4.2.1　天人合一

中庸是儒家思想范畴中一个极其重要的概念，贯穿于整个思想体系。中庸思想的理论基础是天人合一。

什么是"天"？儒学认为，"天"就是自然界。孔子说："天何言哉？四时行焉，百物生焉，天何言哉？"（《论语·阳货篇》）荀子说："列星随旋，日月递炤，四时代御，阴阳大化，风雨博施，万物各得其和以生，各得其养以成，不见其事，而见其功，夫是之谓神。皆知其所以成，莫知其无形，夫是之谓天。"（《荀子·天论篇》）也就是说，"天"是创造了人和万物的自然界，是四时运行、万物生长的自然界。《周易·序卦传》说："有天地然后有万物，有万物然后有男女……"也就是说，天之道是"始万物"；地之道是"生万物"；人之道是"成万物"。这三者是不可分割的，"生成"与"实现"是统一的，这就是"天人合一"。

"天人合一"不仅是"人"对"天"的认知，而且是"人"应追求的一种人生境界。因为"天"不仅是自然意义上的"天"，而且也是神圣意义上的"天"。"人"就其内在要求上说，需要不断修炼自己，以求达到"同于天"的超越境界。从这个意义上说，"人"与"天"不仅不是对立的，而且"人"应该与"天"和谐共存，以实现其自身的超越。这就是说，"天人合一"作为一种哲学思想，它表达着"人"与"天"有着内在相即不离的有机联系，而且在"人"实现"天人合一"的境界过程中，达到"人"的自我超越。

儒家思想认为，"自然"是一个"和谐"的整体，主张"自然的和谐""顺应自然""天人合一"，人与天道的结合使人不能违背"天的旨意"，也不能违背自然规律和法则。把人与自然相互联系、相互影响作为调整人与自然的关系的方法，通过对自然的合理利用和保护达到生态平衡，从而实现人类的可持续发展，这种思想在现代社会有很大借鉴意义。

4.2.2 以人为本

儒家文化在天人关系问题上，常常把"人"摆在一个极为重要的位置上，对"人"的价值与地位作高度的肯定。人的问题是儒学考虑的中心议题。孔子认为"天地之间，人为贵"，荀子认为"人最为天下贵"，孟子认为"民贵君轻"。在封建社会里，儒家思想仍然重视人的价值，提倡"人本""人贵"。

儒家思想的人本主义在于人要有"仁"和"义"：仁者爱人，推己及人；百事义为先，舍生取义。以"仁"和"义"作为支撑的"人本主义"观念，使儒家思想更具内涵，也更具生机和活力，从而在社会中得以推广并产生积极作用。尽管其目的和含义与现代社会的"以人为本""人民至上"的思想和理念有很大差别，但在封建社会大背景下，儒家的这种思想无疑是一种巨大的社会进步。

儒家思想的"人本主义"理念早于西方"文艺复兴""启蒙运动"十几个世纪，这在人类历史上也是屈指可数的先进思想。儒家思想后来在西方国家的广泛传播，正是基于这种"人本主义"思想的先进性。这种思想获得了欧洲思想家们的重视，成为一种冲击旧制度的法宝。因此，中国对世界的贡献是巨大的。

儒学的人本思想，不仅与现代社会的精神并行不悖，而且对于企业管理水平的提高具有积极意义。现代管理中，人是管理活动的主体，也是管理活动的客体，是一切管理活动的中心。任何管理活动的开展，最核心的都是管理好人。正因为如此，人本思想成为中西方管理思想发展的趋势所在。以人为本，尊重个人也成为一种优秀的企业文化。儒家思想中诸如"民惟邦本""仁者爱人""富民养民"的闪光思想，与现代人本管理形成一种契合，对现代管理有着深远的启迪意义。

4.2.3　和谐共赢

以儒家为代表的中国传统文化一向讲究"和"。在儒家看来，"和"是管理活动的最佳境界。对什么是"和"，孔子指出"君子和而不同，小人同而不和"。孟子也十分重视"和谐"的作用，提出了"天时不如地利，地利不如人和"的观点。荀子也认为"上不失天时，下不失地利，中得人和，则百事不废"。

在儒家的思想体系中，"和"的思想作为最高的地位而存在着，诸如他们提出的"和为贵"的观点，正是旨在强调"和"是万物之贵的意蕴。"和"是不同事物之间的和谐，也是不同事物，不同方面相互补充、相互协调，最终达到和谐的一种状态。因而，要达到儒家所说的"和"的状态，就必须使不同事物在不同方面能够各得其所，各安其位。

儒家之"和"的本质为"共生"，首先重在"共"，其次则为"生"。这种"共生"之理，与当代和谐社会的"共赢"之理不约而同。和谐社会倡导我们的正是处理一切事物时要做到"共"。这种"共"的要求表现在人与人的交往上，要诚信友爱、公平正义；表现在人与社会这个大环境下，要民主法治、安定有序；表现在人与自然的关系上，要和谐相处。只有做到"共同""一起""平等"，才能实现人与人、人与社会以及人自身的平衡，也才能真正实现"生"之道、"赢"之道。

此外，根据和谐社会理论的基本特征，可知所谓"和谐"，主要指三个方面的和谐：一是人与人的和谐相处，二是社会的和谐运行，三是人与自然的和谐发展。这些正与儒家思想体系中的观点不谋而合，如儒家思想者提出的"君子和而不同，小人同而不和""己所不欲，勿施于人"等的思想，正是指导人与人关系的和谐之道。[①]

4.2.4　义利平衡

"义利观"是儒家思想最为精髓的思想，也是中国传统文化的核心。儒家思想中最根本的主张是"以义统利"。孔子说"见利思义"，孟子说"先义后利"，均把"义"作为重要的价值取向。

具体地说，孔子的"义利"观所呈现的特点主要有三个：一是"义利"统一，二者并重，二者差异只有先后之别，绝无轻重之分；二是以"义"制"利"，长远利益为重；三是"义利"两难，舍"利"取"义"。比较而言，孟子、荀子也是主张"义利"统一、二者并重，以"义"制"利"，以长利为重。在"义利"两难时，二者均强调舍"利"取"义"。以孔子、孟子、荀子为代表的先秦儒家"义利"观，较好地解决了道德意识与物质利欲的矛盾，较为妥善圆满地解决了道德主体的"义利"矛盾冲突，解决了个人利欲与群体、民族、国家"公义"的矛盾冲突，以及国家、社会治理者如何在局部与整体、现实及长远目标结合上的"义利"冲突。

儒家所谓的"利"，既不是狭义的金钱财富的利，也不是权利的利，而是广义的利，长远的利。它认为仁义是利，道德也是利，在儒家思想看来，没有任何一件事不存在着利，而"夫凡人之情"，最为根本的是"见利莫能勿就，见害莫能勿避"，也

---

① 李丹：《儒家之"和"于当代社会视域下的价值探究》，《吕梁学院学报》2014 年第 10 期。

就是我们经常所说的"趋利避害"。

儒家的"义"即道义。孟子认为:"生亦我所欲也,义亦我所欲也,二者不可得兼,舍生而取义者也。"儒学强调追求"利",必须先树立道德理性之"义"。"放于利而行,多怨",即放任自己一味追求利益而行动,就会招致更多的怨恨。因此要"以义制利""见利思义",要在道义的前提下求富贵,以正道生财。

因此,在当代的企业管理中,管理者的职责就是要正确处理好"义"与"利"的关系,确立"义利合一""义以生利"的企业经营方略。即确立"用正当的方法获取利益"的价值观,并以此来规范企业的利益运行机制,从而实现可持续发展。企业在追求自身合理利润的同时,应当懂得承担一份社会责任,把谋求利润、发展企业的日常行为,积极融入国家繁荣、民众幸福的大局,这才是企业"义"的真正价值内涵。

4.2.5 内圣外王

儒家"内圣外王"思想的内涵(如图7所示)是,"内圣"是指对个人主体心理修养方面的要求,以达至仁、至圣的理想境界;"外王"是指对社会教化方面的要求,以实现仁政、王道的目标。"内圣外王"和"修身、齐家、治国、平天下"是统一的,它所注重的首先是个人内心品德的自我修养,然后是实现社会理想。个人和社会不是分离割裂的,而是相互统一的,这与今天的"个人价值与社会价值的统一"具有相似性。

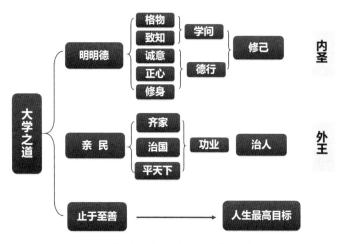

图 7 儒家"内圣外王"思想的内涵

《大学》中说"修身、齐家、治国、平天下""自天子以至于庶人，壹是皆以修身为本"。这就是说，没有"以人为本"的"道德理想伦理"，"政治伦理"是无从谈起的。

如何"修身"？孔子提出要"修德""讲学""徙义""改过"，这样才能"下学上达"，成为君子，才能使自己有个"安身立命"处。

如何"齐家"？儒家把"孝"作为家庭伦理的基本。《论语·学而》："孝悌也者，其为仁之本与？"王弼注谓："自然亲爱为孝，推爱及物为仁。"《孝经注疏》中说："父子之道，自然慈孝，本乎天性，则生爱敬之心，是常道也。"又说，"孝是真性，故先爱后敬也""爱之与敬，俱出于心"。"爱"与"敬"发乎于人之本性，非外力所加，自然如此。费孝通先生对此有一种新的解释：家庭伦理"孝"的意义，在今天主要应体现在"尊敬祖先和培养优秀的后代"。这就是说，对祖先要尊敬，对后代要精心培养，这样就做到"齐家"了。

如何"治国"？"仁政"学说是贯穿于儒家思想的核心，其"敬德保民""仁政爱民""民为贵，社稷次之，君为轻""君者，舟也；庶人者，水也。水则载舟，水则覆舟"等仁政理念，对社会的安定、和谐的构建起到了很大的作用。儒家思想的精髓在于它的社会伦理思想，而这种社会伦理思想正是基于从国家统治阶级的高度期望出发，将人们现实生活中的行为规范用通俗的语言或道德意识加以规范，以此来实现社会的统治和管理。

如何"平天下"？此"平"或有三解："平"可作"和平"解，如尧对舜说"协和万邦"，各邦国和平相处；"平"也可作"平等"解，如孔子说"四海之内皆兄弟"；亦可作"平安"解，如"仁者安仁""老者安之""修己以安人"。"天下平"，包括国与国、民族与民族之间的"和平"关系，也包括"人"与"人"之间的"平等"关系，还包括每个人身心内外的"平安""安宁"也，这样就真正"天下太平"了。①

"内圣外王"之道，其精义在于强调领导的自律，以道德作

---

① 汤一介：《略论儒家的"以人为本，道行天下"》，《北京大学学报哲社版》2014年第1期。

为领导的可靠前提、基础与担保，主张由圣而王，非圣不足以王。一个企业的兴亡，深深打着领袖的烙印。优秀的领导者，除了应拥有现代化的专业管理才能，还应具备超凡的道德素养，不仅在工作中能率先垂范，同时还应当成为整个企业的精神导师。因此企业的领袖，务必要在"为政以德、以德导民"的道义指导下，凭借"正人正己"来为企业员工树立榜样，通过赢得组织成员的忠心追随从而激发整个团队的进取意识。

第三节
道家管理思想

道家是以老子、庄子为代表的中国春秋战国时期诸子百家中最重要的思想学派之一。道家思想有辩证的因素和无神论的倾向，主张清静无为，反对斗争，提倡道法自然，无为而治。

西汉汉文帝、汉景帝、唐朝唐太宗、唐玄宗，继前朝苛政之后以道家思想治国，使人民得以休养生息，历史称之为文景之治、贞观之治、开元盛世。魏晋玄学、宋明理学都揉合了道家思想。唐朝与元朝初年，道教更是被定为国教。

在道家管理思想的内容框架（如图 8 所示）中，其出发点是上善若水，道法自然。老子提倡柔性的管理方法，如水。这种方法有以下几个要点：静观待变；守弱用柔；知盈处虚；居上谦下；不争之争；见微知著；欲取先予；以曲求全；藏而不露；以退为进；等等。

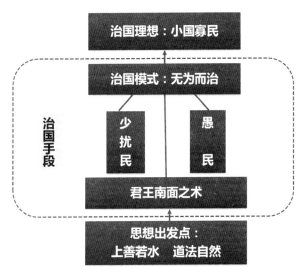

图 8　道家管理思想的内容框架

道家思想的核心是"道"，"道"是无为的，但"道"有规律，以规律约束宇宙间万事万物运行，万事万物均遵循规律。引申到治国，道家的治国模式是"无为而治"，即以制度（可理解为"道"中的规律）治国，以制度约束臣民的行为。老子所说的"无为而治"是以法治国，而非人治；人过多地干预社会秩序则乱，法治则井然有序。"无为而治"对于帝王个人而言，即清心洞察、知人善任，将合适的人才摆在合适的岗位上，具体事情分摊给臣下去做，不必事必躬亲。

4.3.1　道法自然

　　道家文化在人与自然的关系上，追求人与自然的和谐相处。《老子》中讲："人法地，地法天，天法道，道法自然。"这是说人道的法则效法天地运行之道，天地之道的法则是自然的，所以人道也是自然而然的。从人到自然的整个过程就是一个完整的和谐过程，不容拆解、剥离、破坏和否定，这是道家以人合天以达到自然和谐境界的"天人合一"思想。"天人合一"强调人与自然的和谐统一，自然和人是一个完整的系统，趋向在合，不在分；天人共生共荣，人应遵循自然规律，效法自然，因为只有自然生态和谐，人类才能和谐。《老子》云："天地相合，以降甘露，民莫之令而自均。"天地之间，只要自然和谐，就能风调雨顺，人类必须按自然规律办事。同时，《老子》云："有物混成，先天地生。寂兮寥兮，独立而不改，周行而不殆，可以为天地母。""人法地，地法天，天法道，道法自然。"就是说道的产生超越时空，是永恒的和谐状态；道的存在和运动过程来源于自身原动力，周而复始，是最完整的和谐过程；这种和谐过程始终遵循"道法自然"的万物生成规律，是生命和谐的根源和依据。道家文化中所体现的天人合一的仁爱观、人与自然的和谐观，与儒家的中庸思想有类似之处。

4.3.2　上善若水

"上善若水"是道祖老子指导人们修身养性、为人处世的至理名言。道教圣典《道德经》中，老子形象地用自然界最不可少的、最柔弱不争的水之品性来喻圣人之德行。

"上善若水。水善利万物而不争，处众人之所恶，故几于道。居善地，心善渊，与善仁，言善信，正善治，事善能，动善时。夫唯不争，故无尤。"这句话的字面含义是：最高的善像水那样。水善于帮助万物而不与万物相争。它停留在众人所不喜欢的地方，所以接近于道。上善像水那样安于卑下，存心像水那样深沉，交友像水那样相亲，言语像水那样真诚，为政像水那样有条有理，办事像水那样无所不能，行为像水那样待机而动。正因为它像水那样与万物无争，所以才没有失误。

"居善地"，水的处所在哪里？人往高处走，水往低处流，老子告诉我们要学习水谦虚处下的风格。《尚书》云："满招损，谦受益。"一个人应该如何选择自己的立足点？高高在上、睥睨一切，只能由狂妄转为愚昧，被时代所淘汰。只有好学谦虚，才能补己之不足，不断地发展进步。

"心善渊"，渊，深也，也指深水。水深则宽广无边，包容万物，老子告诉我们要有宽容大度的胸怀。只有宽容大度，才能事业有成。唐太宗重用犯颜直谏的魏征，才有了彪炳史册的贞观之治。刘邦一介布衣，武艺平平，实力本与项羽相距甚远，但为人豁达大度，知人善用，对叛逃过来的将领也毫无猜忌之心，故而手下豪杰云集，最终得到天下。

"与善仁"，水润泽万物不求回报，普惠众生不计名利。孟子曰："爱人者，人恒爱之。"反之则是：恶人者，人亦恶之。

"言善信"，老子告诉我们要诚信无伪。《论语》云："言必信，行必果。"诚信是金，没有诚信，何以立足？

"正善治"，正即政，政有国政，亦有家政，其内涵很宽泛，如何治理？从个人品质的角度而言就是善于约束。约束自己，遵纪守法，遵守道德规范，是每个公民应尽的义务，也是和谐社会的基石，还是个人成长的前提。

"事善能"，能是什么呢？能方能圆，无所不及。把水置于方的容器，它就是方的；把它置于圆的容器，它就是圆的。老子告诉我们，要学习水方圆有致的修为。做人做事要讲究方式方法，若只有方而没有圆，原则性过强不懂变通，则必然会经常碰壁，难以事成；若只有圆而没有方，机巧过多没有主见，则只能成为墙头草，随风倒。只有方圆有致，才是智慧与通达的人生之道。

"动善时"，河上公说："夏散冬凝，应期而动，不失天时。"水是典型的随季节而变，老子告诉我们要学习水适时而动的艺术。条件未成熟，不勉强去做；条件成熟了，顺其自然去做，正确把握周围的环境与条件，努力寻找天时、地利、人和的交汇点。君子见机而作，既要顺应自然，又要不失时机。

4.3.3　为而不争

老子在《道德经》中说："上善若水。水善利万物而不争，处众人之所恶，故几于道。"水滋润万物但不与万物相争，所以像水这样的品格最接近于道教之"道"。老子用水来比喻"上善"者"不争"之品格。所谓"不争"，指不争功、不争名、不争利。

值得指出的是，老子教人效法水之"不争"，并非教人无动于衷而无所作为，而是教人要法道自然而有所作为。辩证地看，"不争"属"争"的方式之一。老子宣扬的"不争"，不是消极地退避或放弃敌对的战争以及友好的竞争，而是高智谋的奇争、妙争和厚德行的慈争、善争。具体而言，老子的"不争"有三层用意：

1. 弃为名、为利、为欲、为得的妄争

老子在行为态度方面主张："大丈夫处其厚，不居其薄；处其实，不居其华。""圣人去甚，去奢，去泰。""知足不辱，知止不殆，可以长久。""祸莫大于不知足，咎莫大于欲得，故知足之足，常足矣。""是以圣人欲不欲，不贵难得之货。"大意是：浩气凛然的大丈夫，立身处世忠厚、诚实，而不浅薄、浮华；戒贪婪、戒奢侈、戒铺张。因为知道满足的人不会招来凌辱，知道适可而止的人，不会遭受危险，这样才会长久生存发

展。多欲是罪恶之根，不知足是灾祸之源，贪得是过失的基因，只有知足的人才有常足和富裕的幸福感。所以圣人不贪欲，不稀罕奇珍、异宝。

2.要重道、重德、重民、重治的奋争

老子在反对以私为行为动机而妄争的同时，大力倡导以公为目的的奋力争道、争德、争民、争治。老子推崇无私为民的品德，崇尚以身许国、献身天下的智士。他说："贵以身为天下，若可寄天下；爱以身为天下，若可托天下。""修之于身，其德乃真；修之于家，其德乃余；修之于乡，其德乃长；修之于国，其德乃丰；修之于天下，其德乃普。"大意是：将献身天下看作第一生命的人，可寄于他治理天下；甘愿为天下而舍生的人，可托付他管理天下。具有这种高尚品德的能人，若用以修身，其德必真；若用以齐家，其德大增；若用以治国，其德行效果更加丰硕；若用以平天下，他的光辉德才会造福万民。

3.要用智、用谋、用奇的善争

在崇高道德行为标准的指引下，老子不为私欲而妄争，要为民利而奋争，贵为天下得治而智争、善争、奇争。老子说："以正治国，以奇用兵，以无事取天下。"为了实现修身、齐家、治国、平天下等广义施治的理想，老子超凡、超前、超越、超然地提出斗智、斗仁、斗勇的胜争、善争奇策。他说："知其雄，守其雌，为天下谿。""知其白，守其黑，为天下式""知其荣，守其辱，为天下谷。""将欲歙之，必固张之；将欲弱之，必固强

之；将欲废之，必固兴之；将欲夺之，必固与之。""为之于未有，治之于未乱。"

总之，老子的"为而不争"，实不为私而妄争，要为民利而奋争，贵为大治而善争。在此前提下，老子总结性地说："以其不争，故天下莫能与之争。"

4.3.4　辩证治事

辩证地看待一切事物，是道家思想的又一精华。老子认为，不论是美与丑、高与低、福与祸、长与短等，一切事物都是相互对立，同时又互相转化的。道家的"辩证治事"观点，在现代企业文化管理中，应用得也十分广泛，具有很强的现实意义。在本节中，我们将介绍道家辩证思想在企业文化建设中的作用。

道家思想处处充满了辩证法思想，老子在他的哲学思想中，揭示了两种对立事物之间既相互依存又相互转化的关系。老子在《道德经》里说："天下皆知美之为美，斯恶已；皆知善之为善，斯不善已。故有无相生，难易相成，长短相较，高下相倾，音声相和，前后相随。"翻译成现在的白话文就是："天下都以为美就是美，这就不好了；都以为善就是善，这就不善了。有与无、难与易、长与短、高与下、音与声都是相辅相成，本为一体的。"这里讲的就是事物相反相成的规则：有与无，是彼此互为因果，相生互变的；难与易，也是互为成功的原则，天下没有容易成就的事，但天下事在成功的一瞬，是非常容易的，而且凡事的开始，看来都很容易，做来却都太难；高与下，从字面上来看，高高在上，低低在下，从表象上看是不可能在同一个平面的，但是，宇宙万物，本来就在旋转变化之中，高的必会倾倒，复归于平，即使不倾倒而归于平，在弧形的回旋律中，高下本来同归于一律，佛说"是法平等，无有高下"也便是同此意义。

老子的代表性观点"无为而治"其实也是典型的辩证观点，所谓的无为，也就是无所不为，两者是互相转化的，所谓"反者道之动，弱者道之用。"任何事物所包含的两个对立面，都能在一定的条件下向对方转化，例如，对此最生动的解释就是妇孺皆知的"塞翁失马焉知非福"的故事，以及老子的名言："祸兮，福之所倚；福兮，祸之所伏。"老子还说："物或损之而益，或益之而损。"对于一件东西，你损伤了它，反而让它受益；你让它获得收益，反而伤害了它。对于一块玉石，你雕凿、打磨它，使它有了耗损，可是它被雕琢成了一件精美的工艺品，价值反而大大提高。又如，"画蛇添足"，虽然给蛇多画了几只脚，却破坏了蛇的形象。

老子还说："曲则全，枉则直，洼则盈，敝则新，少则得，多则惑。是以圣人抱一以为天下式。不自见，故明；不自是，故彰；不自伐，故有功；不自矜，故长。夫唯不争，故天下莫能与之争。古之所谓"曲则全"者，岂虚言哉？诚全而归之。"

委曲才能保全，枉屈才能矫正，低凹才有盈满，陈旧才能出新，少取则有所获，贪多就会迷惑无所得。因此，圣人把握着万物的本原"一"，将它作为天下的规范。不自我标榜，所以才声名显扬；不自我表现，才体现自己的高尚；不自我夸耀，别人才承认自己的成就；不自以为贤能，才能提高自己的地位。正因为与人无争，所以就没有谁能和自己相争。古人所说"委曲保全"，就是这个意思！其实所有的事物都可以归结于这个道理。

辩证治事的观点不仅是人生普遍的智慧，在企业的管理中也是很普遍的，今天的企业，有胜即有败，有得即有失，面对激烈的竞争，企业必须保持清醒的头脑，才能在胜利时看到潜伏的危机，在危机中看到转机。用辩证治事的思想来看待事物，治理企业，就会成为许多企业戒骄戒躁或者反败为胜的法宝。

4.3.5　功遂身退

老子的"功遂身退"，是对那些知进不知退，善争而不善让的人的一种劝告。《老子》："持而盈之，不如其已；揣而锐之，不可常保。金玉满堂，莫之能守；富贵而骄，自遗其咎。功遂身退，天之道也。"本章的主旨，在于写"盈"。"盈"即满溢、过度的意思。锋芒毕露，贪得无厌，自满自骄，都是"盈"的表现。老子反对持"盈"，认为持"盈"的结果，必将有倾覆之患。他明确地主张"身退"，认为"身退"才是长保之道。

首先，老子所说的"身退"，不是消极避世，去做隐士，也不是告老还家，安度晚年，更不是等待时机，以求一逞的一种狡诈的图谋；而是要人在完成功业之后，不居功，不据有，不露锋芒，不膨胀自我，不为过去的成就所累。它是对"自我"的超越，对主客关系的超越，是一种大智慧、大勇气和大品德，值得认真地琢磨和体会。

其次，老子的"功遂身退"，是对"自我"历史地位的一种清醒的觉悟。这可以从他将"自我"与"事功"加以区别看出。"功遂身退"，不是真的不要"事功"，而是强调要从"事功"中"退出"来。为何要"退出"呢？因为"事功"与"自我"，虽有联系，但不等同。"事功"并非我一人所为，除了"我"，还有"你"，也还有"他"，又还有"前人"和"后人"。这就是说，"事功"是一个继往开来、绵延不断的历史进程，它是绝对的、无限的，而"自我"则是这历史长河中的短暂的一段，它是相对的、有限的。正因为"自我"是相对的、有限的，所以它从"事功"中"退出"，也就是不可避免的了。把"事功"与"自我"分开来说，并通过比较，揭示出"自我"的相对性、暂时性，这一思路是很深刻的，是富有智慧的。

最后，老子的"功遂身退"，是"人道"效法"天道"，或"天道"在"人道"中的展现。他所说的"功遂身退，天之道"，就是讲的这个意思。功成不居，乃是"天"形成"地"上万物的方式、方法或道路。《老子》说："人法地，地法天，天法道，道法自然。"人如能自觉地效法"天道"，不居于"地"上的"事功"，这无疑是一种大的"觉悟"和大的"修养"。

然而"天道"又有其必然性，是不可违的，无论你有没有"觉悟"，有没有"修养"，你都总是要从"事功"中退出来。无论你愿意不愿意，因为你不是永生的，就看你"会退""不会退"。能体认到"自然""无为"之理——"天道"，自觉地效法它，及时地从"事功"中退出来；能看到社会历史的"过去"和"未来"，而不拘泥于眼前之名利得失；能看到"他人"之存在，而不拘限于一己之私，这就是"会退"。如此"会退"之人，就是具有大智慧的人。[①]

第四节
佛家管理思想

佛教自东汉传入中国以后，千余年来经历代高僧大德的弘扬提倡，使许多帝王卿相、饱学鸿儒也都加入了这个行列，最终使佛教深入了社会各个阶层，"家家阿弥陀，户户观世音"正是真实的写照。而佛教的哲理部分则与儒、道等相结合、相融会、相激荡，然后汇入了中华文化源远流长的大海，形成了中华文化的主流之一。

---

① 臧宏：《老子"功遂身退"的现代诠释》，《安徽大学学报（哲学社会科学版）》
2004 年第 3 期。

佛教几千年的发展中，其教义内容主要可以分为两大方面。一是关于因果与理论，这是佛教教义的实践方面、宗教方面与道德说教方面。佛教的善恶因果观与修行法门，既与其他一切宗教、道德说教有相同之处，又有其殊胜之处。二是关于生命和宇宙的真相，这是佛教的理论、哲学与辩证思维方面。佛教关于生命和宇宙的真相理论，是建立在佛教修行（主要是禅悟）基础上的成果。因此，从具体内容来说，这两大方面是相辅相成、不可分割的。

从佛教的整体上说，在佛教的基本教义和伦理、戒规与规范中，皆蕴含着丰富的有助于促成人们身与心和谐、人与人之间和谐、人与社会和谐的思想。

4.4.1　戒定慧

戒定慧又称三无漏学，是佛家克服贪嗔痴的修炼方法。三无漏学包括了"持戒、禅定、智慧"三项内容，它们彼此加强，缺一不可。也就是由戒生定，由定生慧，由慧生修，分别与众生的"贪、嗔、痴"三毒相对应，只要能够精进修行三无漏学，最终可以让众生解脱烦恼。持戒就是明确什么不能做，培养自我的良好品行；禅定就是训练自己的定力，致力于内心的平静与祥和；智慧就是博爱宇宙苍生，升华内在的智慧。

领导者也有自己的贪嗔痴，需要进行戒定慧的修养。当然，领导者的戒定慧修养有其特定的修养内容和修养方式，在自我修养中要注重一个"戒"字，领会一个"定"字，升华一个"慧"字。

1. 注重一个"戒"字

君子有三戒：戒色、戒名、戒利。《论语·季氏》里记载，孔子曰："君子有三戒，少之时，血气未定，戒之在色；及其壮也，血气方刚，戒之在斗；及其老也，血气既衰，戒之在得。"这其实就是我们常说的要戒色、戒名、戒利。因为"斗"大多是指为名利而斗，"得"也大多是指名利之得。虽然孔子认为在人的不同阶段所戒的重点不同，但戒色、戒名、戒利是一个人一生的修行，因为色、名、利是每个人一生都要面对的诱惑。

君子慎独。真正意义上的戒不只是在公开场合不做什么，而是在没有任何人监督的情况下依然能够不去想、不去做一些事情，也即古人所谓的"慎独"。

把握适度原则。戒色、戒名、戒利，并不是要断绝自己的一切欲求。正当的名利是人生存的基本需求，合法合理的正当权益是应该去维护的。我们需要的是把握一个度，一切有违道德法律、制度规范的贪欲一定要戒除，而基本的正当需求可以用合理合法的方式去获取。

2. 领会一个"定"字

明确自己的定位。每个人都要有自己的定位，作为一名管理者，就不能假公济私，利用职务之便为自己或亲友谋私利，而且，要做到"不在其位，不谋其政"。

学会静观。领导者不止需要具备遇事镇定的定力，还需要对突发事件现场迅速做出决策。所以，领导者还要学会静观，能在纷繁错杂的表象中迅速分析出事物的本质，做出准确的判断和正确的决策。

3. 升华一个"慧"字

善用众智。集体的智慧是无穷的，领导者一定要善于应用民众的智慧，学会倾听基层员工的声音，问计于民。

善用他智。《论语·颜渊》里记载樊迟向孔子问仁。孔子曰："爱人。"又向孔子问知，孔子曰："知人。"在孔子看来，仁者爱人，智者知人。领导者一定要能够慧眼识英才，知人善用，人尽其才。

升华己智。领导者还要升华自己的智慧，升华自己的智慧主要靠弃巧成道。领导者要少用机巧性的手段去管人行事，而要注重用道的方式去用人处事。《韩非子·扬权》里讲："圣人之道，去智与巧，智巧不去，难以为常。"小聪明、小伎俩尽量不要用。领导者宽厚、务实、清廉、诚信等属于道的品格会形成无形的力量，能使下属从内心对其认可和尊重。

4.4.2　佛家六度

从字面上来理解，佛家六度便是六种度人的方法。

佛家六度中，第一是布施。即凡以物质利益施与大众的叫作"财施"，包括身外的财物、自身的头目手足和生命；凡保护大众的安全使他们没有怖畏的都叫作"无畏施"；凡以真理告知大众的都叫作"法施"。

佛家六度中，第二是持戒。戒有三种，即防止一切恶行、修集一切善行和饶益有情。菩萨最根本的戒是饶益有情戒，就是一切为了利益大众，其余所有戒条都要服从这一条。主要有五戒：不杀生；不邪淫；不偷盗；不妄想；不说谎。

佛家六度中，第三是忍辱。即为利益有情故，忍受毁骂打击以及饥寒等苦，难行能行，难忍能忍，终不放弃救度众生的志愿。忍辱到彼岸，即不受外界任何事物的影响而始终能保持心理平衡。

佛家六度中，第四是精进。即不懈息地努力于自度度他、自觉觉他的事业。精进到彼岸，即要有不断进取的精神，不满足既有的心理平衡境界，最终获得高层次的心理平衡。

佛家六度中，第五是禅定。即打坐参禅。禅定到彼岸，即通过坐禅的方式消除杂念，从而获得心理平衡。

佛家六度中，第六是般若。即为自觉觉他而修禅定和智慧。智慧到彼岸，即通过对自然的参悟而获得智慧的成就，从而达到高层次的心理平衡。

布施、持戒、忍辱、精进、禅定、般若（智慧）这六种方法，都不是单独存在的，如果将这六种方法结合起来，则许多问题和困惑，或许都可以从中找到答案。

4.4.3　佛家六和

佛学体现的管理思想就是和谐，这主要体现在两个方面。一是佛教团体的管理原则，即六和敬：第一和，身和同住；第二和，口和无诤；第三和，意和同悦；第四和，戒和同修；第五和，见和同解；第六和，利和同均。二是佛教与政治、社会关系的处理原则。六和敬是佛教僧团内部保持和谐的重要指导精神，对于企业团队建设亦颇有启示。

1. 身和同住

大家住同在一起，必须要做到身业清净，和睦相处，不发生摩擦、打架等粗暴野蛮的举动。

身即员工的行为仪表，身和同住讲究的是礼仪。优秀的企业必然有优秀的礼仪，礼仪的作用就是用来规范员工的行为，让他们以一种良好的仪表展现在客户和同事面前，使企业获得良好的公众形象。同住是员工之间和平共处，闹内讧的企业肯定不能长久，内部的团结是企业发展的前提。怎么做到这些呢？首先就得靠礼仪，礼仪是外部的规约，无规矩不成方圆，方圆就是内在的精神气质，需要靠规矩才能形成，没有礼仪的团队就会松散，没有战斗力，所以身和同住是第一步。

2. 口和无诤

大家同住在一起，必须要做到语业清静，即说话的语气要谦和礼貌、悦耳可爱，不宜恶口粗声，引人不快，以致发生争吵的事件。

口即员工的语言表达，口和无诤不是说员工之间不能有不同的看法，而是要求员工不能因为私利而去诤。口和无诤需要企业有共同语言，有了共同语言，员工之间、员工与企业管理者之间就容易沟通了，他们就不会因为语言不通而产生误会乃至矛盾。企业管理者可以批评员工，但绝不可以骂员工，和气生财，有了和气就会有财运。

3. 意和同悦

大家同住在一起，必须要做到意业清净，即要有善良的用意、坦白的胸怀。有值得欢心快意的事，要大家一起和悦，不要为求个人的欢乐而不顾大众的欢乐，或把个人的快乐建立在大众的痛苦之上。

意即员工的情感态度，意和同悦是要培养员工的共同心理。企业管理者要关心每位员工，帮助员工解决生活工作上的困难，让员工感受到企业大家庭的温暖，员工就会心存感激，也就会愿意为企业付出汗水。

4. 戒和同修

佛教七众，各有戒律，但在每家都有着共同遵守藉以修持的戒法。如以比丘僧团为例，比丘僧团就有共同受持的二百五十条的戒法，大家应该怎么做就怎么做，才显出大家共同守法的精神。

戒即公司的规章制度，戒和同修是说企业的规章制度一定要制定得合理，得人心，要让大家都愿意接受，而且在执行过程中要公正平等，绝不徇私舞弊，这样员工才愿意共同遵守。企业在规章制度实施过程中要避免死板僵化，过时了的、不合理的制度要及时修改，在修订时要以企业的发展目标为标准，要征求员工的意见，如此员工才能遵循规章制度，规章制度也才能充分发挥效用。

5. 见和同解

见即意见、见地或见解。大家同为教徒，在见解思想上必须要相同统一，教团的力量才不会分化。否则，每个份子思想多、意见多，各持成见，自以为胜，那么这个团体一定不能清静，也必精神散漫，不能振作有为了。

见即员工的见解判断，见和同解是企业要有近期和远期的发展目标，要让员工朝着共同的目标努力，而不是各持己见，各自为政。思想决定行动，在原则问题上统一思想还是很有必要的，见解相同合作才能顺利进行。企业管理者要经常利用不同的方式给员工做思想工作，贯彻企业既定方针，防止员工思想上的紊乱。治企的根本在于治心，员工心齐了，没有办不好的企业，但光靠精神上的教育和制度上的规约还是不够的，还要在工作中体现员工的价值。

6. 利和同均

利就是大家所获得的利益，包括财利和法利。不论是经济上的财利，或是知识上的法利，大家必须都要平均分配，平等享受，不应厚此薄彼，使之发生利害冲突，或养成营私肥己的恶习。

利即员工的自身利益，利和同均在企业中并非平均主义，而是利益的分配必须按照统一的原则，依照员工贡献的大小进行分配，不偏不倚，均是如此，没有特殊对待。只有这样员工才会满意，也才会有积极性为争取更多的报酬而努力工作。

六和敬是同时进行的，缺一则必不久立。企业管理者只要依照六合敬的精神去建设企业团队，企业团队的和谐就能够实现，从而打造企业的核心竞争力，并有效地控制企业运营成本。企业把"六和"精神充分地运用到员工的身上，可以让他们处在一个充满和谐与快乐的工作环境中，充分调动出他们体内蕴藏着的创造力，更好地为企业的发展做出自己应有的贡献。

4.4.4　普度众生

普度众生的"度"就是"超度"的"度"。超度的本义是超越，佛教和道教是指使死者灵魂得以脱离苦难的一种仪式，引申指让活着的人也脱离苦海。大众生活在尘世，如溺海之中，佛家以慈悲为怀，施宏大法力，尽力救助他们，登上彼岸，脱离苦海。如《佛说无量寿经》："普欲度脱一切众生。"

普度众生是佛教中大乘的核心思想，就是自己成道只是小道，要成大道就必须帮助众生得道，在佛教中称为"度"（其实中国的道家也有此思想）。度到哪儿？在佛教中有一个词叫作"彼岸"。我们人所处的是此岸，菩萨和佛的境界叫作彼岸。凡是成菩萨、成佛的任务是帮助众生"度"到极乐世界彼岸。

并不是佛教的所有流派都讲究普度众生，普度众生更多的是汉传佛教与大乘佛教的特点，也就是所谓的"菩萨道"（或者说是慈悲观）：反对离群索居，提倡积极参与社会，救度众生。

第五节
兵家管理思想

兵家是春秋战国"百家"中的一个重要学派，以研究作战、用兵为其主要宗旨。《汉书·艺文志·兵书略》将兵家著作分为四类：兵权谋类侧重于军事思想、战略策略；兵形势类专论用兵之形势；兵阴阳类以阴阳五行论兵，且杂以鬼神助战之说；兵技巧类以兵器和技巧为主要内容。兵法既可以指引统治者统治国家，制定国家战略；又可以指导将领领兵打仗，制定战争战略与策略。

兵家主要代表有孙武（尊称"孙子"）、吴起、孙膑、尉缭等。他们的著作流传下来的有：《孙子兵法》《吴子兵法》《孙膑兵法》《尉缭子》等。兵家集大成者是孙武的《孙子兵法》。这些著作均是当时战争和治兵经验的总结，提出了一系列战略战术原则，包含有丰富的军事辩证思想以及治兵作战的哲理。

4.5.1　孙子兵法

　　《孙子兵法》不仅是我国现存最早的兵书，也是世界上最古老的兵书，被尊为"历代兵家之祖""世界古代第一兵书""兵学圣典"。《孙子兵法》在国际上享有很高的声誉，它不仅对世界军事思想产生了重大的影响，还被推广运用于社会的各个领域，尤其在企业经营管理中得到了广泛的运用。美国哈佛大学商学院和日本的许多大公司都把《孙子兵法》作为培训经理人员和中层以上管理人员的必读教材。美国管理学家乔治在《管理思想史》中甚至说："你若想成为管理人才，就必须读《孙子兵法》。"

　　《孙子兵法》的管理思想主要有以下几个方面：

1.战略思想

　　孙武是世界上第一个形成战略思想的伟大人物，他在著作中对谋略问题着墨尤其多。孙子强调要在战前对事关全局的战略进行部署和谋划，综合考虑多种因素，按照战争中各个方面、各个阶段的关系来决定军事力量的准备和运用。孙子提倡"上兵伐谋"。计谋主要是五事：道、天、地、将、法；七计：主孰有道，将孰有能，天地孰得，法令孰行，兵众孰强，士卒孰练，赏罚孰明。谋略需要"知己知彼"，孙子强调只有通过各种方法获得敌方的信息，才能明白对方的意图，从而采取有针对性的措施，达到保护自己与打击敌人的目的。

2. 权变管理思想

孙武把权变管理的原则归结为："合于利而动，不合于利而止。"战略目标不可变，但实现战略目标的战术是多变的。一是出奇制胜。"凡战者，以正合，以奇胜。故善出奇者，无穷如天地，不竭如江河。"出奇制胜就是运用与众不同的手段，以出人意料的斗争谋略与方法取胜于敌。二是迂直制胜。"故迂其途，而诱之以利，后人发，先人至，此知迂直之计者也。"故意迂回绕道，并用小利引诱敌人，这样就能做到比敌人后出动而先到达必争的要地。三是以快制胜。"兵贵胜，不贵久"，兵贵神速是克敌制胜的重要法宝。

3. 人才管理思想

孙武说："故善战者，求之于势，不责于人，故能择人而任势。""择人"者，善于量才用人也；"任势"者，善于造势和利用形势也。所谓"择人而任势"，就是要求军事指挥员重视选用人才，利用形势，以战胜敌人。从"择人"方面而言，兵战固然是军事实力的较量，但更重要的是人才竞争。在战争中，谁拥有人才，谁就会掌握战争的主动权，谁就有赢得战争胜利的可能。因此，挑选将领是战争胜败的关键。什么人能当将领？孙武的标准是："将者，智、信、仁、勇、严也。"

4.5.2 《六韬》的管理思想

除了《孙子兵法》，《六韬》也是兵家很重要的一部著作。

它体现出的管理思想也对我们有很大的借鉴意义。

《六韬》之"韬",与"弢"字相通,原为"弓套"之意,含有深藏不露之意,引申为谋略。《六韬》分为《文韬》——论治国用人的韬略,《武韬》——讲用兵的韬略,《龙韬》——论军事组织,《虎韬》——论战争环境以及武器与布阵,《豹韬》——论战术,《犬韬》——论军队的指挥训练,所以叫作《六韬》。该书是以周文王、周武王与姜太公对话的形式写成的,此书涉及战争观、战争谋略、作战指导和军事人才思想等多方面的军事理论,内容极为丰富广泛。《六韬》的问世,充实了我国军事理论宝库,标志着我国先秦军事思想体系的进一步发展和成熟,在中国古代军事理论发展史上占有重要地位。《六韬》的谋略思想主要体现在以下几点。

1. 以人为本,收揽人心

《文韬》中,周文王问姜太公如何才能使天下人诚心归顺,姜太公答曰:"天下非一人之天下也,乃天下之天下也。同天下之利者则得天下,擅天下之利者则失天下。天有时,地有财,能与人共之者,仁也。仁之所在,天下归之。""与人同忧同乐,同好同恶,义也。义之所在,天下赴之。""凡人,恶死而好生,好德而归利,能生利者,道也。道之所在,天下归之。"讲的就是能与百姓共享天下之利的人就能取得天下,就能使民众归顺于他。

2. 赏罚分明，一视同仁

《六韬·赏罚第十一》论述了奖惩的原则和要领。奖赏是为了鼓励好人好事，惩罚是为了惩戒坏人坏事。想奖赏一人以鼓励百人，惩罚一人以惩戒众人，应该做到：用赏贵在守信，用罚贵在必行。如能对于你所见、所闻的事都做到赏信罚必，那么，那些你所未见未闻的事，也都自然会潜移默化了。赏信罚必就是诚信，诚信可以下行于天地，上达于神灵。

《六韬·将威第二十二》指出："将以诛大为威，以赏小为明，以罚审为禁止而令行。故杀一人而三军震者杀之；赏一人而万人说者赏之。杀贵大，赏贵小。杀其当路贵重之臣，是刑上极也；赏及牛竖、马洗厩养之徒，是赏下通也。刑上极、赏下通，是将威之所行也。"主将以诛杀地位高的人来树立威信，以奖赏地位低的人来体现明察，以严明惩罚来做到所禁必止、所令必行。能诛杀那些有权有势的人物，说明刑罚能及于最上层；能奖赏到牛僮、马夫等饲养人员，说明赏赐能达到最下层。刑罚能及于最上层，赏赐能达到最下层，一视同仁，说明主将的威信能够贯彻上下了。

3. 言路畅通，公正无私

《文韬·大礼四》载：太公曰："目贵明，耳贵聪，心贵智。以天下之目视，则无不见也；以天下之耳听，则无不闻也；以天下之心虑，则无不知也。辐辏并进，则明不蔽矣。"眼睛贵在能看清事物，耳朵贵在能听到消息，头脑贵在能考虑周详。如能使天下人的眼睛都去看，就没有看不见的事物；使天下人的耳朵都去听，就没有听不到的消息；使天下人的心思都去考虑，就没有考虑不周的事情。四面八方的情况都汇集到君主那里，君主自然就能洞察一切而不受蒙蔽了。

《文韬·大礼四》载：太公曰："勿妄而许，勿逆而拒。许之则失守，拒之则闭塞。高山仰止，不可极也；深渊度之，不可测也。神明之德，正静其极。"不要轻率接受，也不要简单拒绝。轻率接受，容易丧失主见；简单拒绝，容易闭塞言路。君主要像高山那样，使人仰慕效法；要像深渊那样，使人莫测其深。英明正确，镇静公正，就是准则。君主要安详稳健而气质宁静，要柔和有节而胸有成竹，要善于与臣民协商问题而不固执己见，要对人谦虚而无私，要处事公正而不偏。

4. 善于识别，使用人才

如何识别人才呢？太公曰："知之有八征：一曰问之以言以观其辞；二曰穷之以辞以观其变；三曰与之间谍以观其诚；四曰明白显问以观其德；五曰使之以财以观其廉；六曰试之以色以观其贞；七曰告之以难以观其勇；八曰醉之以酒以观其态。八征皆备，则贤、不肖别矣。"一是提出问题，看他知道得是否详尽清楚；二是详尽追问看他应变的能力；三是用间谍考察，看他是否忠诚；四是明知故问，看他有无隐瞒，借以考查他的品德；五是让他管理财物，看他是否廉洁；六是用女色试他，看他的操守如何；七是把危难的情况告诉他，看他是否勇敢；八是试他的酒，看他能否保持常态。这八种考验方法都用了，一个人的贤与不贤就能区别清楚了。

《六韬》主张，作为君王，应当推崇德才兼备的人，抑制无德无才的人，任用忠诚信实的人，除去奸诈虚伪的人。严禁暴乱的行为，制止奢侈的风气。"以官名举人，按名督实，选才考能，令实当其名，名当其实，则得举贤之道也。"先根据各级官吏应具备的条件选拔贤能，再根据各种官职应具备的条件考核在职人员，甄别其才智的高低，考查其能力的强弱，使其德才与官位相称，官位与德才相当。这就掌握举贤的原则与方法了。

第六节
法家管理思想

法家是中国历史上研究国家治理方式的学派，提出了富国强兵、以法治国的思想，这为后来秦朝建立中央集权、制定各项政策提供了有效的理论依据。后来的汉朝继承了秦朝的集权体制以及法律体制，这就是我国古代封建社会的政治与法制主体。

法家以法为中心，讲究"法、术、势"三者的结合。关于管理的制度，法家强调"法治"，反对"人治"；关于管理的技巧，法家强调"术"，即君主控制官吏的有效工具；关于管理的权威，君主所以为君主，关键在于有权威，即有"势"，也就是君主以上驭下的统治地位及其所带来的权威。这些体现法治建设的思想，一直被沿用至今，成为中央集权者稳定社会动荡的主要统治手段。法家思想对现代法治的影响也很深远。

　　法家主要代表人物有商鞅、申不害、韩非子、李斯等。韩非子作为法家思想的集大成者，著有《韩非子》，其法治思想的特点是主张"法""术""势"相结合。法家管理思想的内容框架如图9所示。这里的"法"所涉及的是为了达到控制的目的而确立的制度奖惩标准；"术"所涉及的是控制手段和政治权术问题；"势"所涉及的是控制系统和权利威势。

图9　法家管理思想的内容框架

4.6.1　法

　　韩非子的"法"是建立在类似于荀况的"性恶论"的基础之上，减少了对人性善的期望而承袭了荀况"以法制之""矫饰人之情性而正之"的主张，强调统治者应取一种主动的姿态，用"法""术""势"相结合的"王者之道"，牢牢控制被统治者。

在"礼崩乐坏""诸侯争霸"的局势下，儒家经典所倡导的圣贤道德、孝悌友爱对社会失去规范力量，不足以对社会的运行发挥支撑和稳固作用，因而对各个诸侯国没有太大的吸引力。而韩非子所进行的对人性的剖析直接从经验出发，对社会现实中实际存在的人性现象进行了客观的描述和概括，因此，他的理论更容易得到注重经验者的赞同。韩非子论证了对各牟私利的人群施以权术法治的必要性，并提出切实的方法，由此正式奠定了"法家"的理论基础。

韩非子认为："民之政计，皆就安利如辟危穷""君臣之际，非父子之亲也，计数之所出也"。人天性自私，人与人之间的关系全以功利为本，毫无情感成分可言。韩非子认为，人生而好利恶害，这是人之本能，但此种本能既非善，亦非恶，只是一个客观存在的事实而已，此事实乃一切法律制度得以建立和存在的前提。韩非子并不主张化"性"，只是主张因"性"，即利用人性的弱点建立法律制度以治天下。所以，他说："凡治天下，必因人情。人情者，有好恶，故赏罚可用；赏罚可用，则禁令可立而治道具矣。"

事实上，韩非子的影响并未局限于法家学派，后世的儒家弟子在自得于"儒门显学"的同时，大多会重视他的理论，并从中汲取"为帝王师"的政治营养。"儒法并施""德法同治""阳儒阴法"等观点和措施，维护了一代又一代帝国的强盛，也成就了大批的贤臣良相。

4.6.2 术

韩非子进一步提出"术"的概念，即君主统治的手段和策略，内容包括任免、考核、赏罚各级官员的手段以及如何维护君主的权力，即所谓刑名之术、察奸之术等。韩非子将其概括为："术者，因任而授官，循名而责实，操杀生之柄，课群臣之能者也。"

"法"与"术"最大的区别是"法莫如显，而术不欲见"。"法"是为达到某种目标而订立的办法、规章之类的强制性制度，应明文公布；"术"则是统治者控制其臣下的技巧，应当潜藏胸中，择机使用，不轻易示人。可以看出，韩非子主张"法"应是静态的和公开的，"术"则是动态的和隐秘的。韩非子认为高明的君王必须善于"操术以御下"。

韩非子之所以强调"术"，是因为希望使统治者以真正的"王者"姿态从具体的统治事务中独立出来，而不是身陷于琐碎事务不能自拔。"术"是随时可以运用到立法、行政、司法过程中的灵丹妙药。虽然一方面韩非子强调功利实效，但另一面他也颇受老子"无为而治"思想的影响，因此并不主张统治者处处过问、事必躬亲。明主应当懂得自己应当无为，而百官群臣则应当懂得代他无不为，此即君无为而臣任劳。韩非子尤其强调君主应保持"虚静之心"的基本修养，切不可轻易在属下面前表现出私人的好恶喜怒以及显露自己的才能。在韩非子的深入论证下，这种具有典型东方神秘色彩的"术"，的确表现出了耐人寻味的冷静与智慧。

4.6.3　势

韩非子强调"法"在统治中的作用，同时突出"势"的重要性。他所认为的"势"，主要指君王手中的权势、权威，君主统治所依托的权力和威势。他认为："君执柄以处势，故令行禁止。柄者，杀生之制也；势者，胜众之资也。"即把"势"看成统治者相对于被统治者所拥有的优势或特权。韩非子指出："圣人德若尧舜，行若伯夷，而位不载于世，则功不立，名不遂。"君王能够"制贤""王天下"的首要原因并不在于其能力高强、品德出众，而是由于拥有"势"而位尊权重，舍此，必将一事无成。

韩非子告诫统治者：必须牢牢掌握"势"，绝不可须臾松懈。若一旦"失势""释其刑德使臣用之，则君反制于臣矣"，灾难和混乱由是而生。他认为明主必须"执柄以处势""明主之所导制其臣者，二柄而已矣。二柄者，刑德也。"此处"刑"为杀戮处罚之权，"德"为庆赏之权。在仔细考察了诸多历史教训的基础上，韩非子深刻认识到统治过程中强制力或权威、权力的不可或缺，这种"在其位有其权"的重权意识一直延续至今。韩非子提出要"法势合一"，统治者只有必须同时兼备两种权威，即制定法的权威与实施法的权威，才能达到"抱法处势则治"的境界。

韩非子用比喻说明权势是君主存在并且推行法家一系列主张的前提，失去了这种权势，"法"就是一纸空文，一切统治之术就无从谈起了。拥有权势，君王就能形成对臣下的威慑力，形成对百姓的统治力。韩非子主张的整套"法、术、势"思想的最后落脚点，就是为了巩固和扩大君主的"势"。韩非子认为："夫势者，名一而变无数者也。"即权势虽然只有一个名称，但是有很多的表现形式。韩非子把"势"分为"自然之势"和"所得而设之势"，即"人为之势"。韩非子认为，权势从一开始就是自然存在于特定的政治统治，这是权力的原始状态。他认为还存在着人为之势，即统治者努力扩大和加强权势。相比之下，韩非子更重视人为之势，他的理论体系也是紧紧围绕着如何创造人为之势展开的，意在鼓动君王把全部权力集中在自己手上，成为真正最高的绝对权威。

第七节
墨家管理思想

墨子是我国战国时期著名的思想家、教育家、科学家、军事家、社会活动家，也是墨家学派的创始人。墨子早年曾学习孔子的儒家思想，但对儒家重视周礼不满，后来提出自己的社会理想和认识理论，形成墨家学派。墨学在当时影响很大，与儒家并称"显学"。

墨子在政治、哲学、逻辑、物理学和数学等方面都有重大贡献。墨家提出了"兼爱"的和谐平等观、"非攻"的和平共处国际观、"尚贤使能"的社会政治观、"节用""节葬"的崇尚节俭观以及积极防御的军事观等。《墨子》中将墨家管理思想概括为"十大主张":兼爱、非攻、尚贤、尚同、节用、节葬、非乐、天志、明鬼、非命。其中,兼爱和非攻是墨子思想的核心。

在墨家的管理思想体系中,墨家思想的理论基础是从"以天为法"出发的"兼爱天下之百姓",从而形成"兼爱非攻""兼爱交利"的治国模式,最终实现刑政治、万民和、国家富、财用足之平均平等的"天下一家"理想社会的治国理想。墨家管理思想的内容框架如图 10 所示。

图 10　墨家管理思想的内容框架

4.7.1　兼相爱，交相利

墨家管理思想的宗旨是"兼相爱，交相利"。墨子认为当时社会的"大害""巨害"是国与国之间的战争、人与人之间的争夺，造成这种现象的根本原因是人们的不相爱。因此，他主张国与国之间、人与人之间，都应当"兼相爱，交相利"。

"兼相爱"是针对"别相恶"而言，指不分亲疏、贵贱、贫富，一视同仁地爱所有的人。"交相利"是针对"交相贼"而言，指人们互相帮助，共谋福利，反对互相争夺。若使天下的人都彼此相爱，国与国之间不互相攻打，人与人之间不互相争夺，没有盗贼，君臣父子都忠孝慈爱，这样天下就可得太平。

墨子认为：爱是相互的，利也是相互的。爱与利的关系是对立的统一，是相辅相成、互为依存、互为条件的辩证关系。梁启超曾指出："兼相爱是理论，交相利是实行这理论的方法。"墨家在此基础上拓展出"非攻"的思想，他指出："'爱人'运行时，人亦从而爱之；'利人'运行时，人亦从而利之。反之亦然。既然如此，国与国、家与家、人与人之间，只要兼爱，不要发动战争、相互攻伐，就可以共同取利。否则，以兵刃毒药水火相攻伐，大家就会共同取害。"

但要注意的是，墨家主张"非攻"，而不是"非战"。墨家反对侵略主义，认为自卫是必要的。所以墨家子弟，人人身体力行，个个都有好身手，自强助弱，急人之难，解人之困，爱众亲仁，推衣解食，视人如己。为"除天下之大害""不惮以身为牺牲"。墨子劝谏楚王，制止了楚国伐宋，便是墨家主张"兼相爱，交相利"，推崇"非攻"思想的一次成功的实践。

墨子"兼相爱，交相利"思想的实质，是一种柔性管理。它通过人们之间互动的相爱来改善人际关系，消除破坏性冲突，创造良好的社会环境，使人们既能自爱又能爱人，从而每个人的利益都能得到满足。这既符合人自然性的需要，又符合社会道德法律规范。

4.7.2　尚贤

中国文化中最讲究任人唯贤的就是墨家。墨家主张"尚贤"，就是直接针对宗法制度下任人唯亲的不公平现象。墨子假借古代圣王，提出："古者圣王之为政，列德而尚贤。虽在农与工肆之人，有能则举之。高予之爵，重予之禄，任之以事，断予之令……故当是时，以德就列，以官服事，以劳殿赏，量功而分禄。故官无常贵，而民无终贱。有能则举之，无能则下之。举公义，辟私怨，此若言之谓也。"(《墨子·尚贤上》)就是说，选拔官员要以德能为准，哪怕出身于工农下层社会，只要他有德有能，就应被选拔上来，委以官职，并以劳绩作为考核评价的标准，这样才能做到公道正派，只有公义，没有私怨。

"尚贤"是圣王治国之要务，为政之根本。因为贤良之士是固国之珍宝，社稷之辅佐，对于贤人要富之、贵之、敬之、誉之。衡量贤与不贤的标准是德义、才能，而不是亲疏、美丑。真正做到公而无私，有能则举之、用之，这样人人都竞相为义、为能、为德，这样国家就可以治理了，人民就可以免除祸患了，当然也就得民心、合民意了。

墨家反对世袭制度，主张政治地位的获得必须要靠才能，没有才能者不能做官。墨子提出："官无常贵，而民无终贱。有能则举之，无能则下之。"这表明墨家反对靠血缘关系取得特权地位，认为劳动者只要有才能，也可以做官。相反，原来的贵族，要是没有才能，就应该降级。这种主张，反映了小生产者要求取得政治地位的思想。

父兄亲戚、权贵富人、朋友同事等，归结为一个字，就是"亲"。"亲"已远远不只是血缘关系，还包括血缘关系的延伸，即所有亲近自己和自己亲近的人。因此，墨子提倡"不辩贫富、贵贱、远迩、亲疏，贤者举而尚之，不肖者抑而废之"。只有不论亲疏远近，一律以德才为准，才能形成有德有能者上、无德无才者下的人才良性循环，避免出现逆淘汰。

墨子认为贤士的任用对于国家长治久安及发展是十分重要的，他认为贤良之士是国家的珍宝、社稷的良佐，必须要首先使他们富裕，使他们显贵，尊重他们，赞誉他们，然后全国的贤良之士也才会多起来。由此看出，墨子对人力资源的重视程度。《墨子·尚贤上》里论述了统治者任用贤人时，不应该论贤人出身，而应该给予贤人较高的薪水，很高的爵位，以及处理问题的决断权这三样东西。这种思想对于今天的企业管理依然有启示：高薪养廉，杜绝贪污腐败现象的发生；给予较高的位置，合理授权，适度监管，让企业的贤人能够真正为企业奋斗，体现自我价值。

著名管理学家彼得·德鲁克说："卓有成效的管理者一般善于用人之长。"每个个体因为成长经历、受教育程度及生活环境不同，故性格迥异，能力有大小之别，德行有优劣之分。在用人时，要针对不同的岗位需求，安排不同才能的人去承担工作任务，让每个个体在自己的岗位上做出最优秀的业绩。墨子的选拔贤人思想与今天的企业"不一定用优秀的人，但要用最合适的人"的选人、用人思想是契合的。把合适的人放在合适的位置上，充分挖掘人的潜能，才能为企业发展开辟新的天地。[①]

4.7.3　兼爱

"天下兼相爱则治，交相恶则乱"出自《墨子·兼爱上》，其意是说天下人若相亲相爱，天下就会治理好；天下人若相互憎恶，天下就会乱。墨子从"兼相爱"中提炼出"兼爱"和"兼"的范畴，用以表达其政治理想。墨家的"兼爱"即尽爱、俱爱和周爱，爱的对象不分民族、等级、亲疏等差别，包括过去、现在和未来的众人。

---

① 李钰林：《墨家思想在现代企业管理中的应用》，《湖南财政经济学院学报》2016年第 10 期。

墨子以"兼爱"为其社会伦理思想的核心，认为当时社会动乱的原因就在于人们不能兼爱。他提倡"兼以易别"，反对儒家所强调的"爱有差等"的观点。墨子提出的尚贤、尚同、节用、节葬、非攻等主张均以兼爱为出发点，希望通过提倡兼爱解决社会矛盾。

具体而言，墨子的"兼爱"思想主要体现在以下四个方面：

1. 以"兼爱"代替"别爱"，反对自私自利

墨子提出"兼爱"，首先是反对"别相恶"的，而"兼爱"的首要含义正体现在同"别相恶"的对立之中。"别爱"是指人们不相爱，只顾自己，自私自利，是天下之害；"兼"是彼此的意思，即不分人我。墨子认为，"兼"是"圣王之道"，是使王公大人的统治得以安稳，万民衣食得以丰足的根本办法。所以，必须以"兼"易"别"，实行"兼爱"，这就是"兼爱"的第一要义，它首先反对了独知爱己的自私自利。

2. 墨子讲"兼爱"，强调"爱无差等"

墨子讲"兼爱"，认为"兼爱"是不分亲疏、不分远近的普遍的爱，强调"爱无差等"。墨子的这种观点，要求不分等级，无差别地爱所有人，实质上具有打破宗法等级观念的作用，是对儒家讲"泛爱"，讲"仁者爱人"，认为"爱有差等"的一种否定。

3. 墨子讲"兼爱"，强调相互间的义务

墨子在阐述其"兼爱"学说时，提出了"为彼犹为己"，即为别人就像为自己的道德原则。事事处处为别人着想，急人之

所急，与人为善，成人之美。墨子"为彼犹为己"的原则，出发点是先"为彼"，即把为他人放在第一位。墨子认为，自己先为他人，他人也会对等地给自己以回报。"爱人者，人必从而爱之；利人者，人必从而利之；恶人者，人必从而恶之；害人者，人必从而害之。"

4. 墨子讲"兼爱"，与物质利益相联系

墨子常把"兼相爱"和"交相利"并提，把"交相利"作为"兼相爱"的内容和标准。墨子认为，实行"兼爱"会给人民以实际的物质利益，解决人民迫切的生活问题，实现"万民和，国家富，财用足，百姓皆得暖衣饱食，便宁无忧"。

在社会管理中，如果能够充分贯彻墨家的"兼爱"思想，就像《墨子·兼爱中》中所说的"视人之国，若视其国；视人之家，若视其家；视人之身，若视其身"，那么老百姓的积极性与创造性就会充分发挥，就会实现社会中人际关系的和谐，进而实现社会的和谐稳定。

学习墨子的"兼爱"思想，平等博爱，学会感恩，可以有效地协调组织内部的各种关系。当员工之间或者管理者与员工之间发生冲突时，双方若能冷静下来进行换位思考，就可化解矛盾，把破坏性冲突变成建设性冲突，不仅能够创造和谐温馨舒适的工作环境，还可以加快组织目标的实现。管理者在实施管理时，做到"以人为本"，主动关心员工的需要，了解员工的思想和情感，理顺上下级的关系，健全沟通的渠道，将有利于激

发全体员工的积极性。

4.7.4　贵义

在墨家"十论"中，虽然没有"贵义"一说，但是，在整个墨家思想体系中，"贵义"与"兼爱"密不可分，成为墨家伦理思想的一部分。墨子说："万事莫贵义。"义是利的前提，利与不利，首先要看其义与不义，以义断利害，定是非，义为第一位。当义与利冲突时，墨家主张"贵义"，即取大利而舍小利。

那么，什么是"义"呢？墨子说："义，利也。"义可以利人，故曰："义，天下之良宝也。"墨家以利来解释义，但墨家所讲的"利"是"兼相爱，交相利"之"利"，是"利天下"之"利"，"义"是公利；凡合乎"义"的东西才必然有"利"，大利、利他和公利便是"义"。墨子重视"义"，所以《墨子》一书的每篇都离不开言"义"，能"兼爱"天下便是"义事"，"非攻"他国是"义"，尚贤、尚同、节用、节葬、非命、非乐都是"义事"，因为这些都是为整个天下牟取利益、去除祸患的。墨子对"贵义"的解释分为两个方面：一方面，把"重利"即"利人""利天下"看作"贵义"的内容、目的和标准。天下有义则生，无义则死；有义则富，无义则贫；有义则治，无义则乱。正是在这个意义上，他认为"天下莫贵于义"。另一方面，把"贵义"作为达到"利人""利天下"的手段。凡是"利人""利天下"的行为，就都是"义"，凡是"亏人自利""害人""害天下"的行为就都是"不义"。因此，墨子提出了一条行为准则："利人乎即为，不利人乎即止。"做到有力以助人，有财以分人，有道以教人。可见，墨子不是把"利"理解为一己之私利，而是把它理解为他人之利、天下百姓之利；不是把"义"理解为脱离实际利益的道德教条，而是理解为"利人""利天下"的道德至善追求。具体说来，墨家主张"贵义"的社会行为价值观，故主张以"义"为道德行为的标准，善恶的区分，赏罚的准则。凡是能尊天事鬼、爱利万民、实践力行、勤勉节俭、服务牺牲的人，就都得赏；反之，就都得罚。如此能因人们的善，激励他，使勉为善；因人们的恶，劝导他，使迁于善。

第五章

西方管理思想概论

在漫长的岁月中，人类积累了丰富的管理思想和管理经验。其中西方管理思想是人类智慧不断发展的结晶，它在西方工业革命的巨大推动下和资本主义的迅速发展中，逐渐演变成具有严密体系和科学形态的管理理论。在发展过程中涌现出一大批卓越的管理学者，创建了各具特色的管理流派，在世界管理史上占有重要地位。但西方管理思想是西方哲学下的管理实践，被深深地打上了民族文化的烙印。我们通过学习了解西方管理思想的演变历程和文化特色，有利于我们消化和吸收西方管理思想之精华，同样它也会成为我们建立中国化管理理论体系的重要参考部分。

纵观西方管理思想与管理理论的发展史，大致可以分为四个阶段：第一阶段是西方科学的起源阶段，即 18 世纪前，也是早期的管理实践与管理思想阶段；第二阶段是西方管理学的萌芽阶段，即从 18 世纪到 19 世纪末，代表人物有亚当·斯密、查尔斯·巴贝奇、罗伯特·欧文等；第三阶段是西方古典管理理论阶段，指 19 世纪末到 20 世纪 30 年代在美国、德国、法国等西方国家形成的科学管理理论，其代表人物有泰勒、法约尔、韦伯等；第四阶段是西方现代管理科学理论阶段，即 20 世纪 60 年代至今，这一时期管理领域非常活跃，出现了一系列管理学派，各学派百花齐放、百家争鸣。

第一节
西方科学的起源

西方文化起源于古希腊、古罗马、古埃及、古巴比伦等文明古国。这些文明古国在公元前 6 世纪前后就建立了高度发达的奴隶制国家，在文化、艺术、科技、哲学、建筑等方面都对人类做出了杰出的贡献。欧洲文明虽然是人类后起的文明，但以理性的态度和智慧的精神塑造了欧洲的文化品格，并由于继承者的发扬光大，对于整个人类文明都发挥了巨大的影响。这些文明古国在国家管理、生产管理、军事、法律等方面也都有过光辉的实践历史。

西方管理思想与中国管理思想相比较，是在两种完全不同的异质文化背景下产生的，存在着明显差异。例如，古代古埃及的管理思想集中于懂得分权和管理跨度（以十为限）；古代古巴比伦王国的管理思想——《汉漠拉比法典》，用法来治理国家；古希腊的管理思想——民主思想和城邦制。中国的西周邦国制与古希腊的城邦制不同，中国的周朝时邦国有共主——周王，古希腊诸城邦包括雅典则没有共主，它实行公民政治，定期选举管理者（只有斯巴达的国王为终身制）。中国的西周邦国比较稳定，权利在一个家族的内部转移，而且逆党篡位，天下共击之，古希腊诸如雅典诸邦统治者则是走马灯似的更换。中西方的经济构成也不同，古希腊靠海，而中国的周朝靠耕植樵采渔为主。

古希腊的哲学、古罗马的法律和基督教的信仰构成了西方文化的三大基本要素，也构成了西方科学、法律和伦理的源头。我们可以根据这三个要素的发展和组合的关系，对西方文化的历史进行分期。据此，我们把古希腊和古罗马的时期称为西方文化的奠基时期，因为这三个要素在这一时期逐步形成，并完成它们的第一次结合。而后是中世纪、现代。

我们可以把欧洲现代的哲学和科学看作古希腊哲学的延续与发展，把欧洲现代的法制体系看作古罗马的法治的延续与发展，把欧洲现代的基督教神学看作古代基督教神学思想的延续与发展。

5.1.1 古希腊的哲学

古希腊（Greece）是西方文明的主要源头之一。西方有记载的文学、科技、艺术都是从古希腊开始的。古希腊不是一个国家的概念，而是一个地区的称谓，其位于欧洲东南部，地中海的东北部，包括古希腊半岛、爱琴海和爱奥尼亚海上的群岛和岛屿、土耳其西南沿岸、意大利东部和西西里岛东部沿岸地区。

公元前五六世纪，特别是希波战争以后，古希腊的经济生活高度繁荣，科技高度发达，产生了光辉灿烂的希腊文化，对后世影响深远。古希腊人在哲学思想、诗歌、建筑、科学、文学、戏剧、神话等诸多方面有很深的造诣。这些文明遗产在古希腊灭亡后，被古罗马人延续下去，从而成为整个西方文明的精神源泉。

西方科学的源头是古希腊哲学。古希腊哲学的元祖是泰勒斯（Thales，约公元前 624—公元前 546）、阿那克西曼德（Anaximander，约公元前 610—公元前 546）和阿那克西米尼（Anaximenes，约公元前 585—公元前 525），他们形成古希腊哲学的第一个学派——米利都学派。米利都学派的哲学家也被称为物理学家，因为他们的全部兴趣几乎都在物理学上，更确切地说，是哲学意义上的宇宙论。他们研究整个宇宙所构成的基本元素的性质，说明宇宙的起源。古希腊哲学的这一起步对于西方科学的发展是很有帮助和益处的，因为这首先把人们的注意力引向了物理世界。

在古希腊哲学的历史演进中，具有代表性的哲学家有——苏格拉底、色诺芬、柏拉图和亚里士多德，他们所提出的哲学思想和理念奠定了西方科学体系的根基。

古希腊哲学家代表——苏格拉底

苏格拉底（Socrates，公元前 470—公元前 399），古希腊著名的思想家、哲学家、教育家、公民陪审员。他和他的学生柏拉图，以及柏拉图的学生亚里士多德被并称为"古希腊三贤"，更被后人广泛地认为是西方哲学的奠基者。在雅典恢复奴隶主民主制后，苏格拉底被控以藐视传统宗教、引进新神、败坏青年和反对民主等罪名，被判处服毒自杀。

苏格拉底认为管理具有普遍性。他说："管理私人事务和管理公共事务仅是在量上的不同。"他认为，一个人不能管理他的私人事务，肯定也不能管理公共事务。但苏格拉底忽视了管理的特殊性，即管理是一项专业性极强的工作。结果导致雅典人按照苏格拉底的主张，频繁地轮换其军队的领导人和市政府的领导人，使他们在面对马其顿腓力二世精良军队的密集、纵深的马其顿方阵时束手无策。

苏格拉底主张专家治国论，他认为各行各业乃至国家政权，都应该让受过训练、有知识才干的人来管理，反对以抽签选举法实行民主。他认为，管理者不是那些握有权柄、以势欺人的人，也不是那些由民众选举的人，而应该是那些懂得怎样管理的人。

苏格拉底还认为，法律同城邦一样，都来源于神，是神定的原则。法律最初体现为自然法，自然法也就是自然规律，它纯粹是一种神的意志或神有意的安排，后来城邦颁布的法律称为人定法。虽然人定法不像自然法那样具有普遍性，而具有易变性，但是，由于人定法来源于自然法，人们接受和服从人定法的指导就意味着人们接受和服从自然法的约束，也就是服从神的意志。一个城邦的理想状态必须是人人发自内心守法的状态，这既是苏格拉底一生的理想和信仰，也是他最后慷慨以身殉法的内在动力。

古希腊哲学家代表——色诺芬

色诺芬（Xenophon，约公元前 441/431—约公元前 354），古希腊历史学家、作家。苏格拉底的弟子。著有《经济论》《远征记》《古希腊史》《回忆苏格拉底》等。

在《经济论》中，色诺芬借苏格拉底之口阐述了农业对国家经济的重要性，首先认为农业是国民赖以生存的基础，也是古希腊自由国民的最重要的职业；然后又讨论了人们应当如何用最有效的方法来管理好自己的家产。

色诺芬提出的思想有：（1）他根据奴隶制自然经济的要求，确定财富是具有使用价值的东西。他所规定的奴隶主的经济任务，是更有效地剥削奴隶，以增加由奴隶剩余劳动所创造的剩余产品的收入。（2）他认为，检验管理水平高低的标准在于财富是否得到了增加，并认为管理的最终目的是得到更多的财富。（3）认识到了管理的中心任务是加强人的管理这一重要思想。（4）分析了分工的重要性。色诺芬从使用价值角度考察了社会劳动分工问题，他认为一个人不可能精通一切技艺，所以社会劳动分工是必要的。社会劳动分工能使产品制作得更加精美，这样更加能提高产品的质量。马克思在《资本论》的第 1 卷中，为了说明古希腊的社会分工情况，就大量地引用过色诺芬的著作。（5）色诺芬依据市场上出现的现象和生活经验，了解到商品价格的波动依存于供给和需求的变化，也意识到由供求变动而产生的价格变动会影响到社会劳动的分配，但他不可能对这些问题做出科学的解释。

古希腊哲学家代表——柏拉图

柏拉图（Plato，公元前 427—公元前 347），古希腊伟大的哲学家，也是西方文化最伟大的哲学家和思想家之一。

柏拉图是客观唯心主义的创始人，他继承和发展了苏格拉底的"概念"论和巴门尼德的存在论，建立了以理念为核心的哲学体系。理念论是柏拉图哲学的本体论，也是柏拉图哲学的基石。他的"回忆说"认为认识就是回忆，坚持了唯心主义先验论。他的理念论继承了旧氏族时代的"因袭的观点和思想方式"，带有许多浓厚的宗教色彩和神秘主义因素。

柏拉图一生著述颇丰，其教学思想主要集中在《理想国》和《法律篇》中。《理想国》阐述了柏拉图的理念论以及道德、政治、教育学说。他认为民主制是国家制度的低级形式，贵族共和国才是巩固奴隶主阶级统治的理想制度。在柏拉图看来，道德生活的最高表现（智慧和勇敢）只有某些杰出人物，即贵族奴隶主才具备；庶民只能有服从的道德（节制的美德）；至于奴隶，柏拉图根本不把他们当人看，否认他们有任何道德生活。他认为，由贵族奴隶主所统治的"理想国"是正义的美德的体现者。

在柏拉图的"理想国"中，社会分成三个等级：第一等级是最有智慧的哲学家，他们是管理国家的统治者；第二等级是勇敢的武士，他们是"雇佣的监视人"，负责保卫国家；第三等级是农业劳动者和手艺人，他们为国家生产一切必需品。三个等级各司其职，各安其位。柏拉图认为这种剥削奴隶的制度永远巩固下去的分工是"自然的"和不变的。

在这样的国家中，治国者均是德高望重的哲学家，只有哲学家才能认识理念，具有完美的德行和高超的智慧，明了正义之所在，按理性的指引去公正地治理国家。治国者和武士没有私产和家庭，因为私产和家庭是一切私心邪念的根源。劳动者也绝不允许拥有奢华的物品。每个人应该去做自己分内的事而不应该打扰到别人。

古希腊哲学家代表——亚里士多德

亚里士多德（Aristotle，公元前384—公元前322），世界古代史上伟大的哲学家、科学家和教育家之一，堪称古希腊哲学的集大成者。他是柏拉图的学生、亚历山大的老师。马克思曾称亚里士多德为古希腊哲学家中最博学的人，恩格斯称他为"古代的黑格尔"。

亚里士多德作为一位百科全书式的科学家，几乎对每个学科都做出了贡献。他的写作涉及伦理学、形而上学、心理学、经济学、神学、政治学、修辞学、自然科学、教育学、诗歌、风俗，以及雅典法律。亚里士多德的著作构建了西方哲学的第一个广泛系统，包含道德、美学、逻辑、科学、政治和玄学。

亚里士多德首先是个伟大的哲学家，他虽然是柏拉图的学生，但抛弃了他的老师所持的唯心主义观点。柏拉图认为，理念是实物的原型，它不依赖于实物而独立存在。亚里士多德则认为，一切具体事物都可以归结为"形式"和"质料"。"形式"是事物的目的因和动力因，是积极能动的因素；"质料"即物质，是消极被动的因素，事物的运动变化是"质料"实现的"形式"。这些思想已经包含了一些唯物主义的因素。亚里士多德这一思想实质上也揭示了管理的矛盾的运动变化和发展的过程，即"目的→用管理＋物质实现→出现新的目的"的过程。他不仅对于事物内在发展规律的揭示，而且对于管理思想的发展都极具启发意义。

亚里士多德在著作《政治学》中提出，"从来不知道服从的人不可能是一位好的指挥官"。他关于"天赋人性"的思想和我国的孟子所宣扬的"劳心者治人，劳力者治于人；治于人者食人，治人者食于人，天下之通义也"具有同样的性质。他确定的管理者和被管理者的关系也是天赋的。

亚里士多德还提出"人是政治性动物"，这点与中国古代的荀子思想不谋而合："人能群，彼不能群也"（《荀子·王制》）。亚里士多德的"法治与人治"思想，在政治管理实践中，主要依靠法的作用，还是依靠人的作用？这是亚里士多德与荀子有重大差别的地方。亚里士多德不完全否认"人治"的作用,但总的来看,强调"法治"高于"人治"。而荀子也对"人治"与"法治"进行了比较,却得出相反的结论,倾向于圣人治国。

5.1.2 基督教的信仰

中世纪(Middle Ages)是欧洲历史上(主要是西欧),自西古罗马帝国灭亡(公元 476 年)到东古罗马帝国灭亡(公元 1453 年)的一段时期。当时,古希腊的哲学和科学的精神有所减弱,古罗马的法治精神也有所减弱,神学高于哲学,神权高于法权。上帝掌握最高的权柄,圣经的启示真理主宰一切,基督教的信仰起了主导的作用。

基督教是对信奉耶稣基督为救世主的各教派统称,亦称基督宗教,公元 1 世纪,发源于古罗马的巴勒斯坦省(今日的以色列、巴勒斯坦和约旦地区)。它建立的根基是耶稣基督的诞生、传道、死亡与复活。基督教主要包括天主教、新教、东正教三大教派和其他一些较小教派。基督教信仰以耶稣基督为中心,以圣经为蓝本,核心思想是福音,即上帝耶稣基督的救恩,充分彰显了上帝对全人类和整个宇宙舍己无私的大爱。

基督教堪称世界第一大宗教,在人类发展史上一直有着极为重要且不可替代的关键作用和深远影响。至今主要发达国家,除了日本,都是基督教文化主导的国家。尤其在欧洲、美洲、非洲、亚洲、大洋洲的广泛地区,无论是政治、经济、科学、教育、文化和艺术，基督教都塑造了人类文明的方方面面。中国也是 20 世纪除了南美、非洲、亚洲的韩国等地，基督徒人数增长最快的地区之一。

5.1.3 古罗马的法律

古罗马是在意大利半岛（即亚平宁半岛）中部兴起的文明。古罗马先后经历古罗马王政时代（公元前 753—公元前 510 年）、古罗马共和国（公元前 510—公元前 27 年）、古罗马帝国（公元前 27—公元 476 年）三个阶段。

古罗马对西方文明最重要的贡献之一就是其完备的法律体系，包括市民法（仅适用于古罗马公民）、自然法（适用于所有人）和国家关系法（用于调节古罗马人与其他民族之间的关系）。古罗马法（一般泛指古罗马奴隶制国家法律的总称，存在于古罗马奴隶制国家的整个历史时期）起始于《十二铜表法》的颁布，历经一个不断补充和完善的过程，至公元 534 年在东罗马帝国国王查士丁尼的主持下编撰完成并颁布施行，后人称之为《民法大全》（又被称为《法的阶梯》），标志罗马法体系的最终完成。该法典对西方文明的影响被认为仅次于《圣经》，其基本思想和原则已融入西方乃至世界各国的法律。这部法典为罗马—日尔曼法系的所有法律制度奠定了基础，包括《拿破仑法典》在内的欧洲大陆的近代法典或多或少都可看作在此基础上的修改和更新。

早期的古罗马国家只有习惯法，没有成文法。欧洲历史上第一部成文法诞生的标志是《十二铜表法》的颁布。《十二铜表法》因刻在十二块牌子（铜表）上而得名，是公元前5世纪古罗马制定和颁布的法律，是古罗马法发展史上的一个重要里程碑。《十二铜表法》的主要内容包括：保护私有财产，准许奴隶买卖，限制高利贷等，表现出维护贵族和富裕平民利益的倾向，体现出古罗马人的法治精神和奴隶制国家的本质特点。

古罗马法对后世法律制度的发展影响是很大的。古罗马法中所蕴涵的人人平等、公正至上的法律观念，具有超越时间、地域与民族的永恒价值，尤其是对欧洲大陆的法律制度影响更为直接。正是在全面继承古罗马法的基础上，形成了当今世界两大法系之一的大陆法系。古罗马法对后世法律的影响，表现在以下三个方面：

第一，古罗马法的有关私法体系，被西欧大陆资产阶级民事立法成功地借鉴与发展。《法国民法典》和《德国民法典》就是对古罗马法的继承与发展。法、德两国的民法体系，又为瑞士、意大利、丹麦、日本等众多国家直接或间接地加以仿效。

第二，古罗马法中许多原则和制度，也被近代以来的法制所采用。如公民在私法范围内权利平等原则、契约自由原则、遗嘱自由原则、"不告不理"、一审终审原则等，权利主体中的法人制度、物权制度、契约制度、陪审制度、律师制度等。

第三，古罗马法的立法技术已具有相当的水平，它所确定的概念、术语，措辞确切，结构严谨，立论清晰，言简意赅，学理精深。

第二节
西方管理学的萌芽

欧洲在十四十五世纪出现了资本主义萌芽，经过十八十九世纪的工业革命，使以机器为主的现代意义上的工厂成为现实，工厂以及公司管理方面的问题也越来越多。这个时期管理学开始逐步形成，即西方管理学的萌芽阶段（18—19世纪）。这个时期的代表人物有亚当·斯密、查尔斯·巴贝奇、罗伯特·欧文等。

亚当·斯密（Adam Smith，1723—1790），英国经济学家，经济学的主要创立者，管理学的理论奠基人。著《国富论》，提出劳动分工论和劳动价值论。

查尔斯·巴贝奇（Charles Babbage，1791—1871)，英国数学家和机械学家。著《论机器和制造业的经济》，补充发展了亚当·斯密劳动分工的观点，并提出了工资激励制度，等等。他认为要提高工作效率，必须仔细研究工作方法，同时还提出了一种"工资＋利润"的分配制度，为现代劳动工资制度的发展和完善做出了重要贡献。

罗伯特·欧文（Robert Owen，1771—1858），英国空想社会

主义者，被称为"现代人事管理之父""人本管理"的先驱。他
提出在企业中应重视人，要缩短工人的劳动时间、提高工资、
改善住房。他在自己的企业进行改革试验，并证明重视人的作
用、尊重人的地位，可以使工厂获得更大利润。

5.2.1 "古典经济学之父"——亚当·斯密

亚当·斯密是英国资产阶级古典政治经济学派创始人之一。
亚当·斯密发现，分工可以使劳动者从事某种专项操作，便于提
高技术熟练程度，有利于推动生产工具的改革和技术进步，可
以减少工种的变换，有利于劳动时间的节约。亚当·斯密的代
表作《国富论》，对以后的管理理论有重大的影响，主要观点包
括：提出了"经济人"的假设；提出了劳动是国民财富的源泉；
强调了劳动分工对提高劳动生产力的重要性。

亚当·斯密提出，劳动创造的价值是工资和利润的源泉，并
经过分析得出工资越低、利润越高，工资越高、利润越低的结
论，从而揭示了资本主义经营管理的中心问题和剥削本质。

亚当·斯密在分析增进"劳动生产力"的因素时，特别强调
了分工的作用。他对比了一些手工制造业实行分工前后的变化，
对比了易于分工的制造业和当时不易分工的农业的情况，说明
分工可以提高劳动生产率。他认为，分工的益处主要是：劳动
分工可以使工人重复完成单项操作，从而提高劳动熟练程度，
提高劳动效率；劳动分工可以减少由于变换工作而损失的时间；

劳动分工可以使劳动简化，从而使劳动者的注意力集中在一种特定的对象上，有利于创造新工具和改进设备。他的分析和主张，不仅符合当时生产发展的需要，而且也成了以后企业管理理论中的一条重要原理。

亚当·斯密在研究经济现象时，提出了一条重要的"经济人"假说，其基本观点是经济现象是基于具有利己主义目的的人们的活动所产生的。他认为，人们在经济行为中，追求的完全是私人的利益，但是，每个人的利益又为其他人的利益所限制，这就迫使每个人必须顾及其他人的利益。因此，这就产生了相互的共同利益，进而产生和发展了社会利益，社会利益正是以个人利益为基础的。如果在现实生活中，能够刺激他们的利己心，使他们有利于他人，并告诉他们，为他人做事对自己也有利，那么他要达到的目的就容易多了。这种认为人都要追求自己经济利益的"经济人"观点，正是对资本主义生产关系的反映。

5.2.2 "科学管理思想的先驱者"——查尔斯·巴贝奇

查尔斯·巴贝奇认为，要提高工作效率，就必须仔细研究工作方法，同时还提出了一种"工资＋利润"的分配制度，为现代劳动工资制度的发展和完善做出了重要贡献。

查尔斯·巴贝奇被称为"事实上"的"科学管理之父"或"科学管理之祖"。其代表作《论机器和制造业的经济》集中体现了他的管理思想：赞同亚当·斯密劳动分工能够提高劳动效率的观点，但认为亚当·斯密忽略了分工可以减少支付工资这一好处。他提出了"边际熟练"原则，即对技艺水平、劳动强度制定出界限，并以此作为报酬的依据。

同时，查尔斯·巴贝奇认为工人同工厂主之间存在利益共同点，并竭力提倡所谓的利润分配制度，即工人可以按照其在生产中所作的贡献，分到工厂利润的一部分。他提出工人的收入应该由三部分组成，即按照工作性质所确定的固定工资，按照生产效率及所作贡献分得的利润，为提高劳动效率而提出建议所应该给予的奖励。提出按照生产效率不同来确定报酬具有刺激作用的制度，是查尔斯·巴贝奇的重要贡献。

查尔斯·巴贝奇认为这样做至少有以下几方面好处：

（1）把每个工人的利益同企业的发展及所创利润的多少直接联系起来；

（2）每个工人都会关心浪费和管理问题；

（3）有助于激励工人提高技术和品德；

（4）促进各部门改进工作；

（5）工人同雇主的利益一致，有助于消除隔阂，共同促进企业发展。

5.2.3 "人事管理之父"——罗伯特·欧文

罗伯特·欧文是 19 世纪初最有成就的实业家之一，是一位杰出的管理先驱。罗伯特·欧文于 1800—1828 年在苏格兰自己的几个纺织厂内进行了空前的实验，人们有充分理由把他称为"现代人事管理之父"。

罗伯特·欧文首先提出在工厂生产中要重视人的因素，要缩短工人的工作时间，提高工资，改善工人住宅。他的改革实验证实，重视人的作用和尊敬人的地位，也可以使工厂获得更多的利润。所以，也有人认为罗伯特·欧文是人事管理的创始人。

罗伯特·欧文认为，好的环境可以使人形成良好的品行，坏的环境则可以使人形成不好的品行。他对当时很多资本家过分注重机器而轻视人的做法提出了强烈批评，并采用多种办法致力于改善工人的工作环境和生活环境。在工厂里，罗伯特·欧文通过改善工厂设备的摆设和搞好清洁卫生等方法，为工人创造出一个在当时看来尽可能舒适的工作场所。他还主动把工人的工作时间从 13 ～ 14 小时缩短至 10.5 小时。

罗伯特·欧文的管理思想中，教育制度占有很大比重。为了普及教育，他主张建立教育制度，实行教育立法。他禁止他的工厂雇佣十岁以下的童工，并于 1816 年耗资 1 万英镑在他的新拉纳克厂区建立了第一所相当接近现代标准的公共学校——"性格陶冶馆"。这所学校是新拉纳克的中心建筑，为 2 ～ 14 岁的少年儿童提供良好的教育，另外还附设有成人教育班。罗伯特·欧文制订的教学计划，侧重于儿童性格的培养以及儿童职业能力的提高。罗伯特·欧文的教学思想、教学理念和教学计划在新拉纳克取得了巨大的成功，公共学校同时也成为对公众开放的社交和休闲中心。除了学校，罗伯特·欧文还举办劳工食堂，创建工人消费合作社，设立工人医疗和养老金制度，等等。

罗伯特·欧文对管理学中的贡献：摒弃了过去那种把工人当作工具的做法，着力改善工人的劳动条件，诸如提高童工参加劳动的最低年龄；缩短雇员的劳动时间；为雇员提供厂内膳食；设立按成本向雇员出售生活必需品的模式，从而改善当地整个社会状况。

第三节
西方古典管理理论

18世纪60年代，英国爆发了"工业革命"，工业化大生产逐渐成为其主要背景，这个时期市场经济地位逐步建立。19世纪最后数十年，工业出现了前所未有的变化：工厂制度日益普及，生产规模不断扩大，生产技术更加复杂，劳资矛盾也随之恶化。随着资本主义生产力和生产关系的迅速发展，组织和管理企业的拙劣方式便成为当时阻碍生产率提高的主要障碍。在这种状况下，客观上要求用科学的管理来代替传统的经验管理方法，于是，诞生了西方古典管理思想。

20世纪初，由泰勒发起的科学管理革命导致了西方古典管理理论的产生。西方古典管理理论代表人物泰勒、法约尔、韦伯从三个不同角度，即车间工人、办公室总经理和组织来解决企业和社会组织的管理问题，为当时的社会解决企业组织中的劳资关系、管理原理和原则、生产效率等方面的问题，提供了管理思想的指导和科学理论方法。这三位先驱者创立的西方古典管理理论也被以后的许多管理学者研究和传播，并加以系统化。

泰勒重点研究在工厂管理中如何提高效率，提出了科学管理理论。科学管理的中心问题是提高劳动生产率，而科学管理的关键在于变原来的经验工作方法为科学工作方法，为此，泰勒提出了任务管理法。法约尔对组织管理进行了系统的研究，提出了管理过程的职能划分理论。他在著作《工业管理与一般管理》中阐述了管理职能的划分，认为管理的五大职能是计划、组织、指挥、协调和控制。韦伯在《社会组织和经济组织理论》一书中，提出了理想官僚组织体系理论。他认为建立一种高度结构化的、正式的、非人格化的理想的官僚组织体系，是提高劳动生产率的最有效形式。

5.3.1　泰勒的科学管理理论

弗雷德里克·泰勒（Frederick Winslow Taylor，1856—1915），是美国的工程师、发明家、科学管理理论的代表人物，被誉为"科学管理之父"。泰勒1901年发表的《科学管理原理》一书是其代表作，奠定了科学管理理论的基础，是古典管理理论形成的标志。泰勒的著作有：《工厂管理》《科学管理原理》，泰勒的科学管理理论主要包含于这两部著作中。

泰勒首创的科学管理制度对管理思想的发展有重大影响，开创了西方管理理论研究的先河，使管理从此真正成为一门科学并得到发展。泰勒科学管理理论的核心是管理要科学化、标准化；要倡导精神革命，劳资双方利益一致。他的主要贡献是解决了雇主追求低成本和工人追求高工资之间的矛盾。泰勒的解决办法是通过工作细分和人才细分，以实现"人尽其才和人尽其能"，从而在一定限度上满足雇主和工人的要求。实施科学管理的结果是提高了生产效率，而高效率是工人和雇主实现共同富裕的基础。因此，泰勒认为只有用科学化、标准化的管理替代传统的经验管理，才是实现最高工作效率的手段。

泰勒的科学管理理论的要点是：

（1）科学管理的中心问题是提高劳动生产率。泰勒为此提出了工作定额原理，要制定"合理的日工作量"。

（2）为了提高劳动生产率，必须为工作配备"第一流的工人"，而培训工人成为"第一流的工人"是企业管理当局的责任。

（3）要使工人掌握标准化的操作方法，使用标准化的工具、机器和材料，并使作业环境标准化。这是企业管理的首要职责。

（4）实行有差别的计件工资制，以此来督促和鼓励工人完成或超额完成。

（5）工人和雇主双方都必须来一次"心理革命"。劳资双方必须变相互指责、怀疑、对抗为互相信任，为提高劳动生产率而共同努力。

（6）把计划职能同执行职能分开，变原来的经验工作方法为科学工作方法。计划职能归企业管理当局，并设立专门的计划部门来承担；而现场的工人，则从事执行职能。

（7）实行职能工长制。把管理工作细分，使每个工长只承担一种职能。这种思想为以后职能部门的建立和管理专业化提供了基础。

（8）在管理控制上实行例外原则。上级管理者把一般的日常事务授权给下级管理者去处理，而自己只保留对例外事项的决策和监督权。

5.3.2 法约尔的一般管理理论

亨利·法约尔（Henri Fayol，1841—1925），法国科学管理专家，在实践和大量调查研究的基础上，提出适用一切组织的"管理功能理论"以及有效管理的"十四条管理原则"，被称为经营管理之父。法约尔的代表作有：《工业管理和一般管理》《国家在管理上的无能——邮政与电讯》《公共精神的觉醒》。

法约尔的一般管理理论，是以一个大企业的整体运作为研究对象的，是从管理实践中得来的。法约尔对管理理论的贡献主要体现在以下几个方面。第一，法约尔首次区分了经营与管理，他认为管理应包含在经营之中。他提出管理企业的六项基本活动是技术、商业、财务、安全、会计和管理（核心）。他还进一步指出，"管理"是存在于领导人和组织成员之间的一项职能。第二，法约尔的"管理功能理论"认为管理功能包括计划、组织、命令、协调和控制，从而为后人研究管理职能奠定了坚实的基础，也明确了组织中管理者的各项职能。第三，法约尔在实践基础上总结出 14 条管理原则，即"分工、职权与职责、纪律、统一指挥、统一领导、公益高于私利、个人报酬、集中化、等级链、秩序、公正、保持人员的稳定、首创精神、集体精神"。这三个方面构成了一般管理理论的核心内容，它不仅适用于企业，也适用于军政机关和社会团体。

与泰勒的管理思想相比，法约尔管理思想的系统性和理论性更强。经过多年的研究和实践证明，这些原则曾经给管理人员的工作带来很多的帮助，现在仍然被广泛应用。但法约尔一般管理理论的"经济人"假设，结构设计的静态、直线性和封闭性以及对外部环境生态反映的忽视，是法约尔管理思想的历史缺陷。

5.3.3　韦伯的行政组织理论

马克斯·韦伯（Max Weber，1864—1920），德国社会学家、经济学家和德国古典管理理论的代表人物，提出了理想的行政组织体系理论。韦伯的理论是对泰勒理论和法约尔理论的一种补充，对以后的管理学家，尤其是组织理论学家有重大影响，因此在管理思想发展史上被人们称为"组织理论之父"。

韦伯不仅考察了组织的行政管理，而且还广泛地分析了社会、经济和政治结构，深入地研究了工业化对组织结构的影响。他提出的"理想行政组织体系理论"，其核心是组织活动要通过职务或者职位，而不是通过个人或世袭地位来管理。理想行政组织体系的特点有以下几方面。

（1）明确的分工。每个职位的权力和责任都应有明确的规定。

（2）自上而下的等级系统。组织内的每个职位，按照等级原则进行法定安排，形成自上而下的等级系统。

（3）人员的考评和教育。人员的任用完全根据职务的要求，通过正式考评和教育训练来进行选拔。

（4）职业管理人员。对管理者有固定的薪金和明文规定的升迁制度，且管理者是一种职业管理人员。

（5）遵守规则和纪律。人员必须严格遵守组织中规定的规则和纪律。

（6）组织中人员之间的关系。组织中人员之间的关系完全以理性准则为指导，不受个人情感的影响。

韦伯认为，尽管这种"理想的科层行政组织"在现实中不存在，但它代表了一种可供选择的对现实世界的重构方式。他把这种模式作为推理的基础，用来推理在一个大的团体中，应当有哪些工作和应当如何从事这些工作。他的理论成为今天许多大型组织设计的原型。

韦伯的理想行政组织结构可分为三层：其中最高领导层相当于组织的高级管理阶层，行政管理层相当于中级管理阶层，一般工作人员层相当于基层管理阶层。企业无论采用何种组织结构，都具有这三层基本的原始框架。韦伯提出的科层制组织结构是一种效率很高的组织形式，因为它能在技能和效率的基础上，使组织内人们的行为理性化，具有一致性和可预测性。从技术的角度看，科层制强调知识化、专业化、制度化、标准化、正式化和权利集中化，确实能给行政组织带来高效率。

但是，韦伯的组织管理理论也有两方面缺陷。第一，诸多假设的有效性问题。其理论隐含的前提，是当下级与上级之间出现不协调时，上级的判断必然比下级的判断正确；组织中只存在正式组织的框架，否认人的感情等非正式组织方面的因素对管理者决策的影响。显然，这两个假设前提是不能完全成立的。第二，韦伯的组织管理理论过分强调执行规章制度，其后果，是组织中的领导者认为力求稳定和坚持原则对个人成功是至关重要的，宁可把冒险的决策推给别人也不愿意自己冒可能犯错的风险，否定一个建议比肯定一个建议更为安全，慢慢研究比马上决定更为稳妥。其结果就是形成了人们批评的"官僚主义"和"官僚作风"，因此，我们要完整地、科学地理解科层制。

第四节
西方现代管理科学理论

西方现代管理科学理论，是适应现代化大规模工业生产的需要形成和发展起来的。本书所指的西方现代管理科学理论是广义的范畴，它包括三个主要发展阶段：第一阶段是 19 世纪末 20 世纪初，以泰勒、法约尔和韦伯为代表的古典管理理论阶段；第二阶段是 20 世纪 20 年代末到 50 年代，以梅奥、马斯洛、麦格雷戈和赫兹伯格为代表的行为科学理论阶段。后期从 20 世纪 40 年代到 80 年代，出现了管理过程学派、管理科学学派、社会系统学派、决策理论学派等 11 个代表学派的"管理理论丛林阶段"。第三阶段是从 70 年代末至今的当代管理理论阶段，包括战略管理理论、企业文化理论、企业再造理论和"学习型组织"理论等。

西方现代管理科学理论的特点有以下几个方面：

（1）重视比较管理研究的理念。

（2）重视企业文化建设的理念。

（3）非理性主义思潮兴起中的人本观念。

（4）建立学习型组织的理念。

（5）建立虚拟企业、动态协作团队和知识联盟的理念。

（6）建立知识型企业的理念。

（7）重视知识管理的理念。

5.4.1　古典管理理论的传承者

泰勒、法约尔和韦伯等一些先驱创立的古典管理理论为以后许多管理学家所研究、传播并加以系统化，其中做出较为突出贡献的是英国管理学家厄威克和美国管理学者古利克。

英国管理学家林德尔·厄威克（Lyndall F. Urwick）的主要著作有《管理的要素》《组织的科学原则》《管理备要》等。他在《组织的科学原则》一书中提出了组织的八条原则：

（1）目标原则。所有的组织都应当表现出一个目标。

（2）相符原则。权力与责任相符的原则。

（3）职责原则。上级对所属下级的职责是绝对的。

（4）等级系列原则。在组织中，要按照权力关系形成一个不中断的等级链。

（5）控制幅度原则。每个上级领导所管辖的相互之间有工作联系的下级不应超过 5 个人或 6 个人。

（6）专业化原则。每个人的工作应限制为一种单一的职能。

（7）协调原则。组织的目的是协调一致推动工作。

（8）明确性原则。对于每个职务都要有明确的规定。

美国管理学家卢瑟·古利克（Luther Gulick，1892—1993）的主要著作之一是他和厄威克合编的《管理科学论文集》。在这本论文集中，他把法约尔关于管理者在管理过程中所履行的职能进行扩展，提出了有名的"POSDCRB"七职能论：

（1）计划（Planning）：是为了实现企业所设定的目标，制定出所要做的事情的纲要，以及如何做的方法。

（2）组织（Organizing）：是为了实现企业所设定的目标，建立权力的正式机构，以便对各个工作部门加以安排、规定和协调。

（3）人事（Staffing）：是有关人员的引入和训练，以及有利的工作条件的维护等整个人事方面的职能。

（4）指挥（Directing）：做出决策；以各种特殊的或一般的命令和指示使决策具体化；作为企业的领导者发挥作用，即包括对下属的领导、监督和激励。

（5）协调（Coordination）：是使工作的各个部分相互联系起来的极为重要的职能。

（6）报告（Reporting）：是使那些经理人员得到应对之负责的人正在进行的情况的有关报告，并使自己及其下属通过记录、调查和检查得到有关情报。

（7）预算（Budgeting）：包括所有以财务计划、会计和控制形式出现的预算。

古利克提出的七种管理职能，以后虽有人加以增减或者修改，但基本上包括了古典管理学派及其之后有关管理论述的各个方面，成为以后有关研究的出发点。

但古典管理学派传承者也有其自身的局限性：强调物质因素的作用，忽视了人的主观能动性；强调科学性、精密性和严格的等级制度，忽视了社会、心理因素对人的行为的影响；强调自上而下的控制和惩罚，忽视了人的行为对组织成败的重要作用。

仅仅依靠工程师的科学设计，依靠资金刺激，依靠等级分明的指挥系统，不可能给企业带来持久的活力，因此管理学家开始研究人在生产中的行为规律以及产生行为的原因。

5.4.2 行为科学管理理论

行为科学管理理论产生于 20 世纪 20 年代，随着资本主义社会的发展，员工的觉悟不断提高，员工不仅要求改善经济状况，而且也越来越要求政治上拥有民主权利，这在客观上有力地推动了对"人的因素"的深入研究。20 年代末到 30 年代初，世界经济陷入了空前的大危机，管理者们不得不注重在微观层面上研究"硬件"以外造成企业效率下降的影响因素。这样，行为科学管理思想应运而生。

梅奥等科学家通过霍桑试验首先建立了人际关系学说，比较系统地阐述了人在组织中的重要作用，以及人如何发挥积极性、主动性和创造性的问题。霍桑试验的结论是人际关系学说的基本要点，也是行为科学在以后发展的理论基础。

行为科学管理理论阶段主要研究个体行为、团体行为与组织行为，重视研究人的心理、行为等对高效率地实现组织目标的影响。行为科学的主要成果有梅奥的人际关系理论、马斯洛的需求层次理论、麦格雷戈的 X-Y 理论、赫茨伯格的双因素理论等。

1. 梅奥的人际关系理论

乔治·埃尔顿·梅奥（George Elton Mayo，1880—1949），原籍澳大利亚，后移居美国。霍桑实验是从 1924 年到 1932 年，在美国芝加哥城郊的西方电器公司所属的霍桑工厂中进行的一系列试验。"霍桑实验"被分为了四个阶段：照明实验、继电器装配工人小组实验、大规模访谈和对接线板接线工作室的研究。"霍桑实验"的研究结果否定了传统管理理论对于"经济人"的假设，表明了工人不是被动的、孤立的个体，他们的行为不仅仅受工资的刺激。影响生产效率最重要的因素不是待遇和工作条件，而是工作中的人际关系。

"霍桑试验"主要有三个研究结论：

（1）职工是"社会人"而不是"经济人"。

古典管理理论把人视为"经济人"，认为金钱是刺激积极性的唯一动力，或者是对于工作条件变化能够做出直接反应的"机器的模型"。生产效率主要受到工作方法和工作条件的制约。霍桑试验表明，人不是孤立存在的，而是属于某一工作集体，并受这个集体的影响。他们不仅单纯追求经济利益，而且还追求人与人之间的友情、安全感、归属感等社会心理的满足。梅奥等人由此创立了"社会人"的假说，认为"人是独特的社会动物，只有把自己完全投入集体才能实现彻底的'自由'"。

（2）企业中存在着"非正式组织"。

企业的组织可分为"正式组织"与"非正式组织"两种。"正式组织"是指为了实现企业总目标而有明确职能担当的组织机构，这种组织具有强制性；"非正式组织"是指人们在共同劳动、共同生活中，由于相互联系而产生共同感情，自然形成一种无名集体，并产生一系列不成文的非正式的行为准则或惯例，要求个人服从，但没有强制性。这种"非正式组织"时聚时散，对于个人的行为影响很大，是影响生产效率的重要因素。

（3）新型的领导能力在于提高职工的满足度。

企业中的主管人员要同时具有经济技能和维护人际关系的技能，要学会了解人们的逻辑行为和非逻辑行为，学会通过交谈来了解人们感情的技巧，要平衡正式组织的经济需要与非正式组织的社会需要之间的关系。满足工人的社会需求，提高工人的工作积极性、主动性和协作精神，是提高生产效率的关键。企业应采取新型的领导方法，借以调动职工的积极性、主动性和协作精神，以促进每位成员与企业领导的真诚合作。鼓励职工提出合理化建议、参与企业决策，改善人与人之间的关系，尊重下属的意见，建立面谈、家访制度，等等。

2. 马斯洛的需求层次理论

亚伯拉罕·马斯洛（Abraham H. Maslow，1908—1970），美国心理学家和行为学家。在《动机与人格》一书中，马斯洛提出了需求层次理论，把人类的需求按照先后次序分成五个层次：

即生理需求，它是个人生存的安全保障；安全需求，包括心理上和物质上的安全保障；社交需求，人是社会的一员，需要友谊和群体归属感，人际交往需要彼此同情、互助和赞许；尊重需求，包括别人的尊重和自己内在的自尊心；自我实现需求，指通过自己的努力，实现自己对生活的期望，从而对生活和工作真正感到有意义。

马斯洛的需求层次理论认为，需求是人类内在的、天生的、下意识存在的，是按先后顺序发展的，满足了的需求不再是激励因素。马斯洛的需求层次理论得到了管理工作者的认可，但是，由于该理论始终缺乏实际资料的支持，加之一些学者也对其提出了质疑，因此，需求层次理论并不具有普遍通用性。

3. 麦格雷戈的 X-Y 理论

道格拉斯·M. 麦格雷戈（Douglas M. McGregor, 1906—1964），美国社会心理学家，其代表作有《企业的人性面》《职业的经理》《管理的哲学》等。1957 年，在他发表的著作《企业的人性面》一书中提出了影响颇大的"X-Y"理论。他将传统的指挥和监督理论命名为 X 理论，而将自己提出的理论命名为 Y 理论。麦格雷戈认为，X 理论曾经是企业领导人普遍具有的一种传统观念，对美国的企业管理有过重大影响。X 理论主要内容是：人生来就好逸恶劳，不求进取，不愿负责，只要有可能就会逃避劳动，以自我为中心，漠视组织要求，惯于保守，反对改革，缺乏理解，易于受骗，缺乏弹性。X 理论强调外因和客观因素，把人放在被动的位置上严加控制，认为只有管得严才能出效益。X 理论的这种假设，导致当时各种社会组织对人的管理往往使用强硬的方法。然而，在物质条件已经得到改善，人们的基本生理需求已得到满足，工作环境已有较大改进的社会中，采用 X 理论指导下的激励方法，显然难以收到预期的效果。于是，麦格雷戈提出了与 X 理论对立的 Y 理论。

麦格雷戈把 Y 理论称为"人员管理工作的新理论"，是"个人目标和组织目标相结合"的理论。他主张，管理者要以这种新理论为指导思想，根据不同情况，因人而异地采用领导、协助和教育等方法，给工人安排他感到有吸引力和有意义的工作，使个人需要和组织目标尽可能地结合在一起，以便将个人的智慧和能力充分发挥出来；要用启发与诱导代替命令与服从；用信任与关怀代替监督与惩罚。他还认为，企业管理的关键问题不是在采用"强硬的方法"或"温和的方法"之间进行选择，而是在指导思想上变 X 理论为 Y 理论。

4. 赫茨伯格的双因素理论

费雷德里克·赫茨伯格（Frederick Herzberg，1923—2000），美国行为科学家，他的代表著作有《工作的激励因素》《工作与人性》等。

赫兹伯格提出的双因素理论又称保健因素理论与激励因素理论。

保健因素，是指它的满足对职工产生的效果，类似于卫生保健对身体健康所起的作用。保健因素包括监督、人际关系、工作条件、薪金、公司政策和行政管理、福利、职业安定等，它不能直接起到激励职工工作热情的作用，但能防止职工产生不满情绪。

激励因素，是指属于工作本身或者内容方面的积极因素，包括工作的挑战性、成就感、个人成长、职业满意感或者赏识等。激励因素的目标在于通过工作本身而不是通过奖赏或压力达到激励的目标。因此，这种因素得到满足，往往有助于充分地、有效地、持久地调动他们的积极性。

赫兹伯格的双因素理论与马斯洛的需求层次理论有相似的地方，但赫兹伯格的双因素理论要比马斯洛的需求层次理论前进一步。与马斯洛不同，赫兹伯格并不认为个人低层次的需求满足之后就会自动地追求更高层次的需求。此外，二人都没有把"个人需要的满足"同"组织目标的达到"有机地结合起来。

行为科学管理思想的出现，开辟了管理研究的一个新领域，使西方管理思想得到了丰富和发展。同时，它在实践上，对于调动企业职工的积极性，改善企业内部的劳资关系，改善管理人员与一般职工的关系、一般职工相互之间的关系等方面起到一定的作用。

第二次世界大战后，管理学得到了迅速发展，许多学者从不同的学科、不同的角度出发，运用不同的方法对管理展开研究，形成了各种各样的管理学派。美国加州大学孔茨教授在《管理理论的丛林》中，归纳了各种学派理论上的差异。他认为，20世纪五六十年代最大的学派有6个。1980年孔茨发表《再论管理理论的丛林》，指出重要管理学派已从6个增加到了11个。这些管理学派研究方法众多，管理理论不统一，各个学派都有各自的代表人物，各自的术语，各自所主张的理论、概念和方法。

孔茨把这种管理理论学派林立的情况称之为"管理理论丛林"，是继科学管理、行为科学管理理论之后，管理理论与实践发展的结果。这种学派林立、百家争鸣的局面，带来了管理理论的空前繁荣。"丛林阶段"的管理思想尽管研究视角各有偏颇，但都突破了用单一视角看问题的幼稚和偏狭，开始用复杂的眼光看待企业中的人和事，系统研究管理问题。但这一时期的管理思想在一定限度上更多地重视经营战略、财务控制和组织设计等硬性因素，在管理理念方面却有将人再次视为物的倾向。

5.4.3　当代管理理论

进入80年代以后，随着互联网和信息化的到来，员工成了集各种需求于一身的"复杂综合体"。随之产生的管理理论包括以大内为代表的Z理论，以安索夫、波特等为代表的战略管理理论，以哈默、钱皮等为代表的企业再造理论，彼得·圣吉的学习型组织理论等。

（1）Z理论。

20世纪70年代末80年代初，在西方管理理论研究中出现了一种非理性主义倾向。他们向传统管理理论提出了挑战，开始强调管理中的"软"因素，倡导管理实务研究和企业文化，从而形成了西方管理理论研究中的一股新潮流。Z理论（Theory Z）是由日裔美国学者威廉·大内（William G. Ouchi），在1981年出版的《Z理论》一书中提出来的。大内选择了日、美两国的一些典型企业进行研究，发现日本企业的生产率普遍高于美国企业，而美国在日本设置的企业，如果按照美国方式管理，其效率便差。根据这一现象，大内提出美国的企业应结合本国的特点，向日本企业的管理方式学习，形成自己的一种管理方式，他把这种管理方式归结为Z型管理方式，并对这种方式进行了理论上的概括，称为管理的"Z理论"。

大内在麦格雷戈"X-Y理论"管理学说的基础上，提出了"Z理论"，强调组织管理的文化因素，并认为组织在生产力上不仅需要考虑技术和利润等硬性指标，而且还应考虑软性因素，如信任、人与人之间的密切关系和微妙性等。"X-Y理论"体现了西方的管理原则，而Z理论则强调在组织管理中加入东方的人性化因素，是东西方文化和管理哲学的碰撞与融合，也是东方哲学思想下的产物。

Z理论的内容可以简述如下：

① 畅通的管理体制。管理体制应保证下情充分上达；应让职工参与决策，及时反馈信息。特别是在制定重大决策时，应先鼓励第一线的职工提出建议，然后再由上级集中判断。

② 基层管理者享有充分的权利。基层管理者对基层问题既要有充分的处理权，还要有能力协调职工们的思想和见解，发挥大家的积极性，开动脑筋制定出集体的建议方案。

③ 中层管理者起到承上启下的作用。中层管理者要起到统一思想的作用，统一向上报告有关情况，提出自己的建议。

④ 长期雇佣职工，及时听取和整理来自基层的意见。企业要长期雇佣职工，使职工增加安全感和责任心，与企业共荣辱、同命运。

⑤ 关心职工的福利。管理者要处处关心职工的福利，设法让职工们心情舒畅，造成上下级关系融洽、亲密无间的局面。

⑥ 创造生动的工作环境。管理者不能只关心生产任务，还必须设法让职工们感到工作不枯燥、不单调。

⑦ 重视职工的培训。要重视职工的培训工作，注意多方面培养他们的实际能力。

⑧ 职工的考核。考核职工的方式不能过窄，应当全面评定职工各方面的表现，长期坚持下去，作为晋级的依据。

（2）战略管理理论。

在变革的时代，企业面临着种种挑战，这势必会导致管理思想的变迁。管理学对这一变化比较一致的看法体现在四个方面：由过程管理向战略管理转变；由内向管理向外向管理转变；由产品市场管理向价值管理转变；由行为管理向文化管理转变。而企业战略管理是这场变革的中心，它将出现许多新动向，对这一趋势能前瞻性地把握的企业将会在竞争中处于有利地位。为更好地把握战略管理的发展趋势，企业必须首先对战略管理理论的发展历程进行梳理，以便把握其演进的脉络和规律。企业战略理论的发展分为四个阶段。

第一个阶段是早期战略思想阶段。此阶段，产生了很精彩的战略思想，但完整的战略理论体系还未能形成。最具代表性的是 20 世纪 60 年代哈佛大学安德鲁斯（Andrews）对战略所做的界定，他认为战略由四个要素构成，即个人价值观和渴望、公司实力、市场机会、社会责任。其中个人价值观和渴望与公司实力是企业内部因素，市场机会和社会责任为企业外部环境因素，他主张企业通过战略管理优化资源配置，形成异于竞争者的独特能力，以获取竞争优势。

第二个阶段是传统战略理论阶段。1965 年，美国学者安索夫（Ansoff）《企业战略》一书出版，成为现代企业战略理论研究的起点。此后，众多学者参与了企业战略理论的研究，根据他们研究视角的不同形成了诸多理论学派。有设计学派、定位学派、计划学派、认知学派、学习学派、创意学派、文化学派、环境学派、权力学派、结构学派等。

第三个阶段是竞争战略理论阶段。20 世纪 80 企业战略理论研究的重点转移到企业竞争方面，此阶段形成的战略学派主要有，行业结构学派、核心能力学派、战略资源学派。行业结构学派的代表人物为迈克尔·波特。波特认为构成企业竞争环境的行业结构影响着竞争规则的确立和企业竞争战略的选择，他开创性地把战略制定和战略实施过程有机地统一起来考虑对战略管理实践和理论的研究产生了重大影响。核心能力学派起源于普拉哈拉德和哈默尔 1990 年在《哈佛商业评论》上《企业核心能力》一文的发表。该学派认为企业拥有的关键技能和隐性知识可以构成企业的核心竞争能力，核心竞争能力可以来自组织内的集体学习，也可以来自经验和价值观的传递，或来自组织成员之间的相互交流和共同参与。该学派把市场竞争看作超出产品、技术、品牌的竞争，甚至是基于核心能力的竞争。战略资源学派的主要观点和内容是培育企业独特的战略资源及最大限度地优化配置这种资源的能力构成企业的竞争优势。

第四个阶段是动态竞争战略理论阶段。随着 21 世纪的到来，企业竞争环境复杂多变和难以预测。为了应对环境的变化带来的挑战，一些管理学者提出了"动态能力论"和"竞争动力学方法"等新的战略理论。动态能力论认为通过调整和整合企业内外部的资源使其与变化的经营环境保持一致，是一种重塑竞争力的动态变化能力，可以为企业带来持续的竞争优势。竞争动力学方法是在竞争力模式理论、企业资源理论和企业能力理论的基础上，通过对影响企业经营绩效的企业内外部主要因素的分析，解决动态的竞争环境下，企业获得和如何维持竞争优势的问题。

从战略要素构成分析、竞争战略理论到动态能力理论的演变过程可以看出企业战略观念的转变和战略管理理论发展脉络，那就是对日趋复杂和不确定的竞争环境的重视程度的不断增加，从中可以看出企业战略从确定性、内容的微观具体到注重方向性、内容的宏观开放性转变的倾向。但战略管理永远是企业在动荡的超竞争环境中获取持久竞争优势的最重要方法。

在这里重点提一下迈克尔·波特（M. E. Porter），他所著的《竞争战略》把战略管理的理论推向了高峰。他强调通过对产业演进的说明和各种基本产业环境的分析，得出不同的战略决策。波特认为决定企业的盈利能力是由五个方面的因素决定的：潜在入侵者、供应者、购买者、行业现有竞争者及替代产品或服务。这五种竞争力量作用力的总和，决定了企业的收益。波特同时提出了三种基本战略：成本领先战略、特殊优势战略和目标集聚战略，他认为企业如果要获得竞争优势，就要从中选择一个战略方向。

（3）企业再造理论。

企业再造理论是 1993 年开始在美国出现的关于企业经营管理方式的一种新的理论和方法，它以一种再生的思想重新审视企业，并对传统管理学赖以存在的基础——分工理论提出了质疑，被称为管理学发展史上的一次革命。该理论强调企业为了能够适应新的世界竞争环境，必须摒弃已成惯例的运营模式和工作方法，以工作流程为中心，重新设计企业的经营、管理及运营方式。

企业再造理论认为，企业再造活动绝不是对原有组织进行简单修补的一次改良运动，而是重大的突变式改革。企业再造是对植根于企业内部的、影响企业各种经营活动开展的，向固有的基本信念提出了挑战；企业再造必须对组织中人的观念、组织的运作机制和组织的运作流程进行彻底的更新，要在经营业绩上取得显著的改进，企业再造理论的"企业再造"就是"流程再造"，其实施方法是以先进的计算机信息系统和其他生产制造技术为手段，以顾客中长期需求为目标，在人本管理、顾客至上、效率和效益为中心的思想的指导下，通过最大限度地减少对产品增值无实质作用的环节和过程，建立起科学的组织结构和业务流程，使产品质量和规模发生质的变化，从而保证企业能以最小的成本、高质量的产品和优质的服务在不断加剧的市场竞争中战胜对手，获得发展的机遇。

企业再造理论（BPR）的产生有深刻的时代背景。20世纪六七十年代以来，信息技术革命使企业的经营环境和运作方式发生了很大的变化，而西方国家经济的长期低增长又使市场竞争日益激烈，企业面临着严峻挑战。有些管理专家用3C理论阐述了这种全新的挑战：

（1）顾客。

（Customer）——买卖双方关系中的主导权转到了顾客一方。竞争使顾客对商品有了更大的选择余地；随着人民生活水平的不断提高，顾客对各种产品和服务也有了更高的要求。

（2）竞争。

（Competition）——技术进步使竞争的方式和手段不断发展，

发生了根本性的变化。越来越多的跨国公司越出国界，在逐渐走向一体化的全球市场上展开各种形式的竞争，美国企业面临日本、欧洲企业的竞争威胁。

（3）变化。

（Change）——市场需求日趋多变，产品寿命周期的单位已由"年"趋于"月"，技术进步使企业的生产、服务系统经常变化，这种变化已经成为持续不断的事情。因此在大量生产、大量消费的环境下发展起来的企业经营管理模式已无法适应快速变化的市场。

面对这些挑战，企业只有在更高水平上进行一场根本性的改革与创新，才能在低速增长时代增强自身的竞争力。

在这种背景下，结合美国企业为挑战来自日本、欧洲的威胁而展开的实际探索，20世纪七八十年代，市场竞争日趋激烈。美国企业为挑战来自日本、欧洲的威胁而展开探索。1993年，美国麻省理工学院教授迈克尔·哈默（M. Hammer）博士与詹姆斯·钱皮（J. Champy）提出了企业再造理论并出版了《再造企业》（*Reengineering the Corpration*）一书，书中认为："20年来，没有一个管理思潮能将美国的竞争力倒转过来，如目标管理、多样化、Z理论、零基预算、价值分析、分权、质量圈、追求卓越、结构重整、文件管理、走动式管理、矩阵管理、内部创新及一分钟决策等"。1995年，钱皮又出版了《再造管理》。哈默与钱皮提出应在新的企业运行空间条件下，改造原来的工作流程，以使企业更适应未来的生存发展空间。这一全新的思想震动了管理学界，一时间"企业再造""流程再造"成为大家谈论的热门话题，哈默和钱皮的著作以极快的速度被大量翻译、传播。与此有关的各种刊物、演讲会也盛行一时，在短短的时间里该理论便成为全世界企业以及学术界研究的热点。IBM 信用公司通过流程改造，实行一位通才信贷员代替过去多位专才并减少了九成作业时间的故事更是广为流传。

（4）"学习型组织"理论。

20 世纪 90 年代，知识经济的到来，使信息与知识成为重要的战略资源，相应诞生了学习型组织理论。"学习型组织"理论是美国麻省理工学院教授彼得·圣吉在其著作《第五项修炼》中提出来的。他认为，未来真正出色的企业，将是能够设法使各阶层人员全心投入，并有能力不断学习的组织。在学习型组织中，有五项新的技能正在逐渐汇集起来，这五项技能被他称为"五项修炼"。《第五项修炼》主要内容有"自我超越""改善心智模式""建立共同愿景""团队学习""系统思考"五项管理技巧，试图通过这些具体的修炼办法来提升人类组织整体运作的"群体智力"。

① 自我超越。自我超越是"学习型组织的精神基础"，自我超越的前提是建立个人愿景。自我超越修炼的重要方法是保持创造性张力，组织必须为塑造一种让员工充分发展在握，让每个员工的潜能得到充分展现的内部环境。

② 改善心智模式。心智模式是我们每个人理解和看待周围事物的思维模式。这项修炼的核心任务，就是让心智模式浮出水面，创造出更适合我们的新心智模式。改善心智模式需要长期的修炼，在组织内需要对其进行管理。

③ 建立共同愿景。共同愿景是由共同的目标、价值观与使命构成的，要鼓励发展个人愿景，就要以团体学习为基本方式，塑造整体图像，必须明确组织的目标、使命和企业理念。

④ 团体学习。团体学习是发展团体成员整体搭配与实现共同目标能力的过程。团体学习的基本方式是深度会谈。

⑤ 系统思考。系统思考是一种系统的、整体的、动态的思维方式。系统思考是五项修炼的核心，系统思考可以强化其他每项修炼，也需要有其他四项修炼来发挥它的潜力。

彼得·圣吉《第五项修炼》是理论与实践相配套的一套新型的管理技法，被西方企业界誉为 21 世纪的企业管理圣经。学习型组织正是人们从工作中获得生命意义、实现共同愿望和获取竞争优势的组织蓝图；要想建立学习型组织，系统思考是必不可少的"修炼"。这种理论和方法一经提出，立即获得国际学术界、管理界、企业界的广泛共识。"学习型组织"的理念、发展模式也迅速风靡世界，赢得各国许多社会组织管理者、领导者的青睐。该书出版不久，即以其革命性的创新获得 1992 年世界企业管理协会荣誉奖——开拓奖，彼得·圣吉本人也被冠以 20 世纪 90 年代"管理学宗师"的称号。

第六章

西方管理中的中道思想

　　《中庸》在中国思想史上的地位，有着重要的意义。中庸之道不仅是儒家的思想精髓，而且是中国很多哲学流派。

　　中庸之道贯穿于宇宙万事万物的规律，影响了中国的文化思维和处世行为，具有历久弥新的重要价值。历史表明，中庸不是折中调和的中间路线，而是在不偏不倚中寻求恒常之道。君子参透了运行于人世间的天地宇宙的规律，故而强调中和中道，追求不急不缓、不过不及、不骄不馁的人生至境。中庸之道不仅影响了东方文化，而且正在影响西方文化。

第一节
西方管理理论透出的中庸思想

　　我们知道古希腊哲学家亚里士多德在其所著的伦理学著作

中，认为人以善为目标，中道为贵，这与中国的中庸之道不谋
而合。亚里士多德的"中道"思想，源于其老师柏拉图所谓的
"过"和"不及"，以及恰如其分的理念，这也与中庸思想有相
同的涵义。

我国文化的源头是《易经》。黑格尔曾经评论，《易经》包
含着中国人的智慧，就人类心灵所创造的图形和形象来找出人
之所以为人的道理，这是一种崇高的事业。其核心思想为太极，
太极包含了权变的意思。"太极"一词的关键在"太"字，由"大"
和"小"（下面的一点）组成，意思是可以"极大"（大到没有
外面），也可以"极小"（小到没有里面）。问题是无穷尽的，相
应的对策也是无穷尽的。在无穷尽的对策中进行选择，不就是
权变吗？好的管理理论具有"权变"的特征即柔性，可以指导管
理者在什么情况下应该从事什么活动以及不应该从事什么活动。
权变不仅需要管理者针对环境特点灵活运用管理理论，而且需
要管理者领悟管理理论的精髓。管理理论如果具有较强的刚性，
则不容易融合其他理论；如果具有较强的柔性，则很多对立的
理论也可以融合在一起——它们只不过是在不同情境下发挥不同
作用罢了。

权变管理理论在西方管理理论中占有一席之地，它们都与
中庸思想有相通之处。哲学家波普尔（Karl Popper）指出："客
观科学的经验基础没有任何绝对的东西，任何理论都是真实性
和虚假性的统一。科学不是建立在坚固的基岩之上，科学理论

结构就像耸立在沼泽地上的建筑物；科学的处境就像乘船在大海中航行，要在旅途中更换船的部件一样。这是由人类知识的有限性、无知的无限性以及社会经济环境的复杂性所决定的。"法约尔也指出："在管理方面，没有什么死板和绝对的东西，这里全部是尺度问题。管理是一门很难掌握的艺术，它要求智慧、经验、判断和注意尺度。"这里的"尺度"在中庸思想中也有类似表述。

美国心理学家斯达西·亚当斯（J. Stacey Adams）的"公平理论"（也称"社会比较理论"）主要探讨了报酬的公平性对人们工作积极性的影响，类似中庸思想中的安人之道，如"不患寡而患不均"。在麦格雷戈提出"X–Y 理论"后，美国的乔伊·洛尔施（Joy Lorsch）和约翰·莫尔斯（John Morse）对此理论进行了试验，发现采用 X 理论的单位和 Y 理论的单位都有效率高的和效率低的情况，可见 Y 理论和 X 理论并没有绝对的优劣之分。他们提出的"超 Y 理论"认为，管理方式要由工作性质、成员素质等方面来决定，不同的人对管理方式的要求是不同的。"因人而异"，这也是中庸思想的表现。

美国学者罗伯特·坦南鲍姆（Robert Tannenbaum）和沃伦·施密特（Warren H. Schmidt）提出的"领导方式的连续统一体理论"认为，领导方式是多种多样的，从专权型到放任型，存在着多种过渡类型。领导方式没有绝对优劣，成功的管理者不一定是专权的人，也不一定是放任的人，而是在具体情况下采取恰当行动的人。当需要果断指挥时，他善于指挥；当需要职工参与决策时，他能提供这种可能。弗雷德·菲德勒（Fred E. Fiedler）在其"权变理论"中也认为不存在一种普适的领导方式，领导工作强烈地受到领导者所处的客观环境的影响，即领导行为和领导者是某种既定环境的产物。美国现代行为科学家伦西斯·利克特（Rensis Likert）在其著作《管理的新模式》中指出："有效的管理是一个比较和适应的过程。"权变理论学派的代表人物卡斯特（F. E. Kast）与罗森茨韦克（J. E. Rosenzweig）在其著作《组织与管理：系统与权变的观点》中认为，组织必须在稳定性/持续性和适应性/革新性之间保持一个动态平衡。德鲁克早在1965 年出版的《动荡时代的管理》一书中也明确指出："在动荡时期，管理层首要任务就是确保组织的生存能力，组织结构的坚实和稳固，确保组织能承受突然的打击、适应突然的改变、充分利用新的机会。"即管理者首要的任务是"守正"，其次才是在必要的时候"出奇"。决策理论大师赫伯特·西蒙（Herbert A. Simon）的"有限理性"和"令人满意原则"也是中庸的一种表现。

在战略管理领域，已经形成了 10 个主要的学派：设计学派、计划学派、定位学派、企业家学派、认知学派、学习学派、权力学派、文化学派、环境学派和结构学派。最后一种"结构学派"正是明茨伯格对前面几种学派的调和与综合，他认为组织战略应该像变色龙一样随机（情境）应变，即做到"权变"。明茨伯格总结出的 10 种管理者角色，也是对管理者权变与平衡能

力的考验。类似的具有"中庸"特点的管理理论还可以列举出
一大堆。

第二节
中庸管理与西方的 X、Y 和 Z 理论

统治中国古代几千年的主流思想源于三大学派：儒家、法家
和道家。儒家——王者之道，仁政德治；法家——霸者之道，法
制刑治；道家——王霸杂合之道，无为而治。巧合的是，西方领
导行为理论也主要分为三种理论，即 X 理论、Y 理论、Z 理论。
而这三种理论分别对应着"人性本恶论""人性本善论""人情自
然论"，也就是与法家、儒家、道家的哲学思想不谋而合。

美国社会心理学家道格拉斯·麦格雷戈在发表的著作《企业
的人性面》一书中提出了影响颇大的"X-Y 理论"。他将传统的
指挥和监督理论命名为 X 理论，而将自己提出的理论命名为 Y
理论。麦格雷戈认为，X 理论曾经是企业领导人普遍具有的一种
传统观念，对美国的企业管理有过重大影响。

6.2.1　X 理论与法家思想

以 X 理论为指导思想，管理人员把人和物等同，忽视人的
自身特征和多种需要，特别是社交、友情、受人尊重和自我实

现的需要，只把金钱作为促使人们工作的最主要的激励手段，把惩罚这种强制性手段当作管理的重点之一，认为只有权力、规章制度和严密的监督控制，才能保证组织目标的实现。依照这种理论，工人只是一种会说话的机器，管理人员必须实行"胡萝卜加大棒"的政策方能奏效。

X 理论与法家思想是同气连枝，只是在文字叙述上不同。对于人的本性问题，荀子认为"人之性恶，其善者伪也"。对于人的欲望和需要方面，荀子提出"养人之欲，给人之求，使欲必不穷于物，物必不屈于欲，两者相持而长"。管仲也指出："仓廪实而知礼节，衣食足而知荣辱。"这是典型的"人性本恶"思想。故此，形成了法家、兵家行霸者之道、法制刑治天下的思想。商鞅强烈反对儒家的"仁义"说教思想，他主张"以刑治，民则乐用；以赏战，民则轻死"（《商君书·弱民》）。这样，才能达到"以刑去刑"（《商君书·画策》），非以"法治"无以治国平天下。

6.2.2　Y 理论与儒家思想

麦格雷戈不同意 X 理论，因而提出了与之相反的 Y 理论。麦格雷戈把 Y 理论称为"人员管理工作的新理论"，是"个人目标和组织目标相结合"的理论。他主张，管理者要以这种新理论为指导思想，根据不同情况，因人而异地采用领导、协助和教育等方法，给工人安排他感到有吸引力和有意义的工作，使个人需要和组织目标尽可能协调，以便把个人的智慧和能力充分发挥出来；要用启发与诱导代替命令与服从；用信任与关怀代替监督与惩罚。他还认为，企业管理的关键问题不是要在采用"强硬的方法"或"温和的方法"之间进行选择，而是要在指导思想上变 X 理论为 Y 理论。

孟子是孔子思想的嫡派传人，也是继孔子之后儒家学派最重要的代表人物。孟子"性善论"的人性观、施"仁政"的管理准则，以及"修其身而天下平"等思想，都对中国管理思想的完善与发展做出了重要贡献。孟子认为："人性之善也，犹水之就下也。人无有不善，水无有不下。"孟子主张"自反""内省"来修养自己，他说"爱人不亲反其仁，治人不治反其智，礼人不答反其敬"，并认为"知耻"是修养的先决条件。

6.2.3　Z 理论与道家思想

Z 理论（Theory Z）是由美国日裔学者大内在 1981 年出版的《Z 理论》一书中提出来的，其研究的内容为人与企业、人与工作之间的关系。不同于"性本恶"的 X 理论，也不同于"性本善"的 Y 理论，Z 理论是"以争取既追求效率又尽可能减少当局与职工的对立，尽量取得行动上的统一"。

Z 理论认为：①终身雇佣制。长期雇佣职工，即使经营不佳一般也不解雇职工，要采取其他方法渡过难关，对职工的职业保证会使人更加积极地关心企业利益。②缓慢地评价和晋升。

对职工要先经过较长时间的考验再作全面评价。③分散与集中决策。企业的重大决策，要首先由生产或销售第一线的职工提出建议，其次经过中层管理人员把各种意见集中调整、统一后上报，最后由上一级领导经过调查研究后做出比较正确的决策，执行决策时要分工负责。④含蓄地控制，但检测手段明确正规。基层管理者一方面要敏感地抓住问题实质，就地解决，另一方面要在上报情况前，协同有关部门共同制定出解决问题方案。⑤融洽管理人员与职工的关系。全面关心职工生活，把对生产任务和工作设计的要求同职工劳动生活质量结合起来，让职工在工作中得到满足，心情舒畅。⑥让职工得到多方面的锻炼。不把职工局限在狭窄的范围内，既注意培养职工的专业知识能力，又注意使职工获得多方面的工作经验，对生产技术和社会活动能力都要进行长期全面的考察。

Z 理论偏向道家的人性无善恶，"人性之无分于善不善也，犹水之无分于东西也。"即人性如水，向哪儿引导就向哪儿流淌。老子认为道是宇宙的本体，也是宇宙间一切事物由以形成的最终根源。"无为"是道或天道的一项重要属性，对管理者来说，"无为"是指人适应自然，自觉地服从客观规律的管理行为过程。道家的管理宗旨就是通过"无为"，最后达到"无不治"的管理效果。道家的"无为"建立在"道法自然"的哲学思想基础上，在道家管理思想上居于核心地位。道家认为善于用人的领导是谦下的，"善用人者为之下"（《老子·六十八章》）。道

家主张顺应自然，尊重人的不同特点，根据人的不同才能、特
长任用人。先秦道家主张领导者不自以为是，不自大自满，"不
自见，故明；不自是，故彰；不自伐，故有功；不自矜，故长"
（《老子·二十二章》）。

到了现代，随着很多中国企业对西方管理思想的学习与实
践，中国现代管理思想与西方管理思想在很多方面都有相同的
理念，如以"以人为本"为企业的基本价值观，以实现组织的
高效运转为企业的运营目标，都重视企业文化建设，也重视人
才的作用，还重视知识管理，构建学习型组织。

第三节
中国管理智慧与西方管理科学

中国改革开放四十多年来所涌现出许多优秀的企业，其管
理手段总结起来，大多是把中国传统哲学的一些理念与西方管
理制度相结合。许多西方标准经过中国化改良，形成了具有中
国特色的管理方法。无论是华为的"灰度管理"，还是腾讯、小
米及阿里巴巴的项目制管理，其实都是把西方标准的管理制度
用中国人的思维进行了改造，使其变成了企业自身独特的管理
哲学及管理手段。阿里巴巴严密的组织架构与中国武林文化中
的游侠文化相结合，变成了阿里巴巴特有的管理文化。海尔公

司文化是"海的文化"，这是中国理念；但海尔做事要"日清日毕"，用的是西方标准。不管是中国理念，还是西方标准，我们要达到的目标是使企业的管理有效。如果无效，管理就没有用了。因此可以说，中国先锋企业的管理方法与众不同的地方，是能够结合中西方管理的精髓，能够在中国的环境下运用西方的管理方法，即"中国理念 + 西方标准"。

西方标准是指做事的习惯，一丝不苟，遵照流程，不讲人情，完全符合标准。但是我们不能只用西方的理念，西方理念是基于它的文化背景。譬如，西方人比较强调自己能力的发挥，自己创造平台，并认为这是常识；而中国理念就是你要给我平台，我必须在这个文化背景下考虑管理模式，不能超越这个背景来谈管理。

西方的标准化流程包括三个方面的内涵：一是必须以流程为基础，打碎以职能为基础的体系；二是必须以目标为导向，放弃以控制为导向的体系；三是必须以责任为核心，放弃以权利为核心的习惯。

法治管理侧重"法"，即制度；而人治管理侧重"人"，即情理。西方文化追求自我价值的实现，形成独立的人格，同时强调人不应当贬视自己，而应当追求自身价值与幸福。正因如此，西方社会中人与人之间不形成宗法伦理、等级关系，而是平等基础上的契约。当社会发展需要把这种契约关系用某种法定形式规范下来时，西方社会就形成了法治社会，表现在管理上就是规范管理、制度管理和条例管理。即在管理中特别注重建立规章制度和标准化流程，严格按规则办事，追求制度效益，从而实现管理的有序化和有效化。

我们将源于西方的管理方式与源于中国的管理方式即"中国理念＋西方标准"以"太极图"的方式相结合（如图11所示），阐述先锋企业"中国理念＋西方标准"的管理方法。阴阳代表中西两方，阳中阴点表示中方的管理方式中吸取了源于西方的管理方式；同样，阴中阳点表示西方的管理方式中也引用了源于中国的管理智慧。"中国理念＋西方标准"的关键在于阴阳结合，运转于无穷。

图11 "中国理念＋西方标准"太极图

我们站在中国的文化和管理历史的角度，所注重的就应该是如何以中国的管理哲学思维来运用西方的管理科学，实现"中国理念＋西方标准"的中国化管理模式。

以美国式西方管理为例，由于制度管理克服了传统管理的无序状态、放任状态、经济主义等方面的缺陷，因而构成了全部管理的基础。亦即任何形式的管理，如果不能经历科学管理阶段的全部内容，建立自己的科学管理体系，其管理绩效不是无效的就是低效的。

相对而言，儒家的仁义礼智信，恭宽信敏惠中庸管理理念之所以在中国千古不衰，是源于建立在以家为本位的社会伦理秩序的基础之上。中国传统管理哲学十分强调"家宁""家兴"和"家顺"等理念，它不仅表现为企业本身就是"大家""厂家"，更重要的是表现中国管理具有更多的"情感"特色，企业成为员工情感交流和满足需要的重要场所。

中庸，就是以人的内在要求为出发点和价值取舍的依据，顺应外部环境的基本规律，使内在要求在现有的外在环境与条件下，得到最适宜的、最恰当的实现。由于中庸所坚持的是合于内在尺度和外在要求的正确道路，因此坚持"中庸"不是一件容易的事，把一件事情做得靠近某一极端更容易一些，而要把握好一个合适的度，恰到好处，其实很难。

企业在经营管理中，应该学习借鉴西方科学管理模型，并结合中国传统哲学思想，领悟中国管理之"道"，借鉴西方管理之"器"，即以"标准化流程 + 中庸管理理念"，实现"中国化"管理——西方管理科学与中国管理艺术的融合（如图 12 所示）。

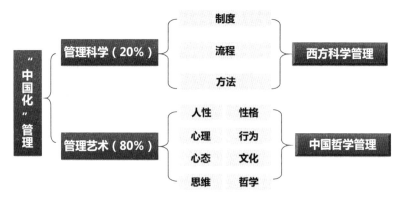

图 12 "中国化"管理——西方管理科学与中国管理艺术的融合

第四节
中西方文化的主要差异

人类任何自觉的行为，都是以认知为基础的。所以说，思维方式是文化的基础，也是文化的核心内容。中西方文化的差异，本质上就是思维方式的差异，集中体现在四个方面：天人合一与二元对立，直觉形象与逻辑推理，实践理性与抽象理性，人性善与人性恶。

6.4.1 天人合一与二元对立

西方文化中也出现过早期人类与自然混沌一体的认识，但随着文明的发展，他们逐渐形成了人与自然分离的哲学认识，确立了一个物我分离，主客对立的二元世界。二元对立表现为人与自然的对立，人与他人及社会的对立，人自身的分裂。中国的"天人合一"重和谐，西方的"二元对立"重对立。无论在认识论、自然观、社会观及宗教观上中国的天人合一与西方的二元对立都有本质上的差异。

（1）认识论的差异。

天人合一：宇宙自然是大天地，人则是一个小天地。人和自然在本质上是相通的，故一切人事均应顺乎自然规律，达到人与自然和谐。老子说："人法地，地法天，天法道，道法自然。""天"代表"道""真理""法则"，万物芸芸，各含道性，天人合一就是与先天本性相合，回归大道，归根复命。

二元对立：在认识论上表现为主客体的对立二分。二元对立是西方哲学思维的基本前提，构成了现象与本质、形式与内容、主体与客体、感性与理性、原因与结果、必然与偶然等二元对立的哲学范畴。

（2）自然观的差异。

天人合一：在道家来看，天是自然，人是自然的一部分。因此庄子说："有人，天也；有天，亦天也。"天人本是合一的。但由于人制定了各种典章制度、道德规范，使人丧失了原来的自然本性，变得与自然不协调。天人合一即强调人与自然的协调、有机的联系。天人合一的思想使中国（道家）文化强调人对自然的顺应、协调和感恩，以人与自然的亲和作为其文化的价值基础。

二元对立：在人与自然的关系上，西方文化一开始就表现出控制与征服自然的强烈欲望。强调人与自然的对立关系是整个西方文化突出的特征。征服自然必以认识自然为基础，于是科学理论作为征服自然的有力武器备受西方文化重视。

（3）社会观的差异。

天人合一："天"是道德之天，儒家将天道、天理视为社会伦理价值的最高来源。天人合一的社会观强调人与人的和谐统一。统一观念表现在政治领域，是春秋大一统的观念；在伦理上表现为顾全大局，必要时不惜牺牲个人或局部利益的集体主义价值观。

二元对立：个人是自由独立的，有鲜明个性特征的，而群体（社会）则注重共同目标。从这种意义上讲，社会共同利益的原则对个人个性原则毫无疑问是一种限定、制约、压制。西方文化不仅关注社会与个人的对立，也承认每个个体之间存在利益的冲突。承认对立是为了更好地保护社会中每个个人的独立权利。

（4）宗教观的差异。

天人合一："天"是人事不能及，无能为力之事的终极原因，是"天命""命数""命运"。天主宰着人事的成败，而人能以至诚求得神助。天人合一认识论所形成的自然观、社会观、和宗教观的整合，引导中国文化理性趋于实用，它指导了一个较少宗教情结的乐观坚定的民族，并形成了一个关注热爱现实生活的文化。

二元对立：人的存在有理性与动物性，是心与物或灵与肉的二元对立。宗教徒把人生当作皈依上帝的旅程，将肉体与灵魂、此岸与彼岸、天堂与地狱作绝对的分割。由此西方人建立起无数对立的范畴：人与自然，人与他人及社会，人与神，灵与肉，有限与无限，主体与客体，现象与本质，原因与结果，理性与经验，主观与客观，理论与实践。

西方文化正是认定事物内部、外部的矛盾冲突促成了事物的发展，所以宇宙世界、人类社会才如此充满生机活力，永不止息。也正是承认事物的差异特征，强调个性的价值，才有了林林总总、千姿百态的世界，也才有了人的独特价值和一个个独立的各具风姿的人，以及对人的尊重及平等观念。

而中国人的观念，明知物我、人我之间的种种矛盾，但力求避免强化对立，希望融和合一，追求对称、平衡、和谐。中国文化体现在三种平衡：人与自然界的平衡（天人平衡）、社会内部人与人的平衡（人伦平衡）以及人心内部的平衡（身心平衡）。

6.4.2 直觉形象与逻辑推理

中国式的直觉形象重形象、重体验、重直觉。从语言、宗教开始，中国人认识事物习惯借助具体的、形象的符号，用形象来启发人们把握事物的本质。从感官感知的事物入手，以直观具象的符号说明道理，用某种具体事物或直观表象表示抽象概念、思想意境。西方哲学则注重"一叶知秋"，主张通过逻辑推理和论证找寻事物的共性和规律。理性不但是西方文化的思想核心，还是它的精神源泉。而逻辑体系就是西方理性的形式化，逻辑思维的建立也推动了西方社会的进步。

中国式的直觉形象思维拒绝任何规则的限制，包括逻辑和语言规则，因而灵活，有创造力，体现了中国式智慧。直觉形象思维具有立体有机联系的特征，为认知者留下了广大自由的主观空间，有极强的主观性，因而在那些对主观创造力有极大依赖的文学、艺术、工艺、实用技术领域，中国人都有极好的创造成就。然而，这种思维方式容易造成对外在约束和法律的蔑视，给思想的理解、知识的积累和技能的传授带来一定的障碍。由于不受科学方法的束缚，这种立体有机联系有时达到荒唐的程度。

西方式的逻辑推理思维具有严密性和清晰性的特征，便于人们理解和掌握，使经验和技能转化为可以交流和传承的知识。但这种思维方式限制了主观创造性的发挥，这也包括牺牲思维的自主性以保障遵守逻辑的法则，有时表现为刻板、不近人情，不会灵活变通。

6.4.3 实践理性与抽象理性

中国哲学的目标在于回答"怎么样",它关心的是物的功用。中国思维以"经世致用"为目标,属于实践理性。西方哲学则致力于回答"是什么",它的兴趣在于寻求终极真理,属于抽象理性。

中国的实践理性的内涵是"正德、利用、厚生",修身、齐家、治国、平天下才是人生头等大事。实践理性在正德的基础上讲利用、厚生,重视实用技术的开发创造,但只关心理论的实用价值而不作纯粹认知,从而使纯粹科学得不到重视与发展。实用目标不仅存在轻理论的问题,而且实用目标的理性近视还会模糊我们对终极目标的追求。实践原则使中国文化具有急功近利的理论近视和极强的世俗功利心态。

西方的抽象理性哲学沉迷于追求物质的本质,本质是潜在的、非直观能把握的,因此抽象理性在西方成为其文化思维的特点。抽象理性具有超越功利、脱离急功近利目标而趋于纯粹方法、纯粹认识的指向,即认识而认识,因而更注重于方法的寻找、系统理论的建立。抽象理性的心理基础是对理性的崇拜。西方人认为人的理性是值得信赖的,而经验常常会发生错误。

6.4.4 人性善与人性恶

中西方人性论在许多方面存在着差异。中国传统文化把人以及人性作为一个整体来把握,相信"人皆可为尧舜",认为人的灵与肉是和谐统一的，人能够自我控制、自我约束，从而直接导致中国传统文化的泛道德主义和等级主义、专制人治、清官情结、明君情结。

孟子在中国思想史上第一个明确而完整地提出了性善论。孟子认为人性乃人之异于禽兽者，因此人性体现在人的社会道德本性上，而不是自然本能上。孟子并非完全忽视人的本能欲望，只是他认为这不是人的本质。孟子认为人性是善的，他说："人性之善也，犹水之就下也，人无有不善，水无有不下。""恻隐之心人皆有之，羞恶之心人皆有之，恭敬之心人皆有之，是非之心人皆有之。恻隐之心仁也，羞恶之心义也，恭敬之心礼也，是非之心智也。仁、义、礼、智非由外铄我也，我固有之也，弗思耳矣。"（《孟子·告子上》）孟子并不认为人生来就是正人君子，只是认为人性内含有善的因素，如果不受环境的阻碍，加上自身加强学习、修身养性，人之善就会从内部自然发展出来。

西方却认为人本身具有两极对立性，倾向于区分人自身的灵与肉、理性与感性、天使的一面与野兽的一面，并认为两者常常冲突。人并不必然趋善，人性有局限性、脆弱性、需要外在的他律性，从而造成人性论带有很浓的悲观主义、现实主义、和平主义等色彩。西方从古希腊文化、基督教文化，到近代的资产阶级思想家的思想、现代的非理性主义，基本都继承和发扬了这一思想。

由于上述差异直接导致了中国文化的泛道德主义和西方文化的自然主义，中国对人的看法明显打着道德评价烙印。中国文化传统虽然没有完全否定人的自然欲望，但基本上都有轻视、贬抑个人存私求利和把私利与公利相对立的倾向，基本上都是重义轻利、羞于言利的，"正其谊不谋其利，明其道不计其功"就是最典型的代表。这就使得中国的人性论明显打上义务本位的烙印，这与西方的权利本位的人性论恰好相对立。西方思想家很少讨论人性善恶问题，尤其是近代以来更多的是强调抽象的人性论，认为人的自然本性是趋利避害、自保自爱，人都是自私的，个人利益是合理的，自利是可促进公利的。

第五节
中西方管理思想的差异

中国传统管理思想和西方古典管理思想在很多方面都有相似之处，例如：管子依法治国、以德治人的思想和法家崇"法"的思想，与韦伯合法型管理的思想相似；管子的民富国富同一论，与法约尔的个人利益服从整体利益思想相似；儒家"举贤任能"的思想和墨家用人"唯贤"的思想，与韦伯合法型管理中领导的任命条件相似；管子提出的"与时变"的创新精神，与法约尔的首创精神相似；法家思想中根据"法"来奖惩臣民，与泰勒的制定科学的工艺规程和实行差别计件工资制的思想相似；兵家对激励士气的重视，与法约尔的团结精神相似；道家顺应自然、"无为而治"的思想，与韦伯魅力型管理的思想相似。

中国管理思想和西方管理思想除了有理念相似之处，还在很多方面有本质的区别：中国管理思想是靠伦理管理，西方管理思想是靠制度管理；中国管理思想的目的是修己，西方管理思想的目的是安人；中国管理思想主要实践在行政管理，西方管理思想主要实践在企业管理；中国管理思想的着眼点在于整体大局观，西方管理思想的着眼点在于个体（具体）的价值实现；中国管理思想是一种哲学体系，西方管理思想是一种科学体系；中国管理思想来源于感性经验的归纳总结，西方管理思想来源于科学的理性推导；中国管理思想是一种辩证的观点，西方管理思想是一种权变思维；中国管理思想是一种韬略思维和跨度思维，西方管理思想是一种战略管理和目标管理思想；中国管理思想注重理论，西方管理思想注重实践。中西方管理思维方式的差异如图 13 所示。

中西方管理思想各具自己的长处和短处，而且优劣共生、利弊相通。值得注意的是，这种长处和短处，在中西方管理思想中往往具有对应和互补的关系。因此，中西方管理思想的交流、移植和融合，中国管理思想在新的历史条件下的改造和重建，是一种必然的历史发展趋势。

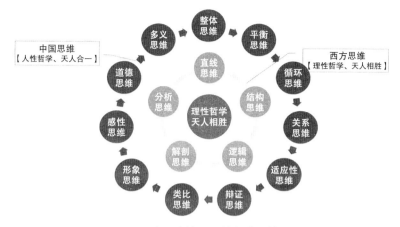

图 13　中西方管理思维方式的差异

　　中西方文化的差异，由此产生了不同的管理思想，管理思想在各个国家的发展面对着各自的生产环境、社会背景和发展目标，由此形成各自相对应不同的管理方式。

6.5.1　管理"整体模式"的差异

　　西方文化奉行个人主义的原则，因此形成了强调个人努力，用成功与致富证明自己是"上帝的选民"，这必然导致对个人独立性和个人主义的尊重与互助精神的并存。西方管理注重个性培养，以激发个体动机、满足员工个人需要为主，重视生产效率、科学制度和个人成就，激励手段以强调物质的满足、鼓励创新与挑战。

　　中国传统文化更加注重人与自然的关系。"天人合一"思想是中国传统文化的核心，即认为人与自然、人性与自然性是有机统一的，遵循着同样的规律。"天人合一"包含对人生意义与价值的认识，是中国文化的核心内容，也是和谐统一文化的根源，还是集体主义思想的基础。这些文化起源，形成了中国式重人情管理、重集体主义思想培训、重和谐统一的企业文化氛围。

西方管理侧重于有奖有罚、分工明确、标准作业，很少开会动员、集思广益。中国式管理重视员工集体主义精神和团体合作精神，激励方式建立在共同目标的实现上，从而获得个人价值的体现和各类需要的满足，强调群体意识，协商共识，国家至上，社会为先，家庭为根。集中式管理最为突出的表现是上传下达、层层动员，用动员会、誓师会等方式凸显集体力量和智慧，统一思想、群策群力。

6.5.2　管理"对象"的差异

西方管理中"人性本恶"的管理思想，让管理者眼中的管理对象是对恶的管理，侧重于有奖有罚、分工明确、标准作业。西方企业管理认为，人的发展价值大于物质发展，主张在组织平等的前提下发挥人的创造性，人本管理与科学管理相互补充和修正，人际氛围中以平等互利为突出表现。与之相反，中国儒家文化中有一个重要的主张就是性善论，由此产生了一种由"德"引导为主的管理方式。因此，东方社会重人治、重感化；轻法治、轻惩戒。中国式管理侧重员工是可以教化的，管理对象是能被感悟的，关系和面子相对于法律法规对员工的约束力更强大，管理所关注的就是人际和谐关系。

西方文化强调人的"认知属性"和"自然属性"。西方管理中一直流行着经济人、社会人、文化人等人性假设，几种人性假设中更多地以个人需求的满足为主导思想。"经济人"假设主张大多数人天生懒惰，厌恶工作，胸无大志，不愿负责，缺乏抱负，管理重点是提高生产率；"社会人"假设关心人的生活，利用物质的、精神的手段和方式激励职工，充分调动人的劳动积极性；"文化人"假设认为价值观和行为方式是人格塑造的最核心因素，群体效率依赖于成员共同的价值观和行为准则，着眼点在于管理模式的建构，与培育职工价值观念和树立企业形象这两方面的工作可说是同一件事情。

中国文化注重人的"社会属性"和"道德属性"。中国传统文化中对"人性"的解读是以儒、道、佛思想为主线。中国传统人性论最具代表性的儒家思想承认人的可教化性，坚持人性是可塑的。既然员工的人性道德是可塑的，以"德"管理的思想让管理者关注企业文化对员工的道德教化作用，管理者自身要具有良好的道德修养，"其身正，不令而行"。

6.5.3 "企业文化"管理的差异

西方管理的最终目标是"只有个体的成长才能带动组织的发展"，中国管理的最佳效果是"在组织的和谐发展中个体价值得到实现"。因此，西方管理中的企业文化崇尚尊重自我、尊重创新和尊重自由的个人主义文化；中国管理中的中国文化是以公众利益为主的群体文化，主张精诚合作、中庸和谐、无私奉献、谦虚谨慎，强调群体意识、协商共识等来突显集体力量和智慧。

西方价值观的核心是个人主义，以个人拥有物质财富的多少作为衡量一个人的成功与失败，这就激励了个人努力。只有积极地、主动地参与社会竞争，才能收获更多的物质。社会也为个人提供了一个有利于竞争的公平环境：机会均等和个人自由是实现自我成功的基本保障，而竞争是实现个人价值的根本途径。强调自我支配和自我控制，从追求实际、追求成功、追求物质的思想逐渐发展为实用主义。相应地，这种实用主义反作用于西方人，使大家更加重视科学、尊重实验、反对盲从、注重标新立异的竞争风尚。相反，中国传统文化的价值取向是集体主义。主张国家的利益高于一切，强调个人服从集体，集体服从国家。儒家思想提倡的"忠"乃是"献身"之意，忠于集体、忠于社会、忠于责任是每个个体仁德的体现，帮助别人是个人的责任，也是崇高精神的体现。价值取向是团结合作、乐于助人、和谐共处，为了集体和国家而贡献青春与力量，一直是人们的精神主旨。正是集体利益高于一切的思想，使中国人的群体意识更强烈。在管理领域，个人服从组织，以大局为重；当个人利益与集体利益冲突时，以集体为重。因此，容易抹杀、牺牲个人权益。西方人的个人主义主要是褒义，包含有自力更生、自我完善、实现自我等价值，是西方价值观的基础，如自立、机会均等、竞争、物质享受和勤奋工作都建立在其之上。中国的个人主义是贬义，它是集体主义的对立面，等同于利己主义，它有侵犯他人和公共利益的思想内涵。中国的行为方式更多地强调"合群"，主张牺牲"小我"，以"公有"利益为主，崇尚"大河有水小河满"，主张同甘共苦，精诚团结。传统的中国文化最有特点的行为准则要求人们凡事能够以"和"为贵，走中庸之道，"枪打出头鸟"的思想让中国人不去冒险，保持步调一致。

第七章

传统文化与现代企业管理

第一节
传统文化与领导力

中庸之道就是阴阳平衡及追求和谐的过程，掌握矛盾双方的相互转换尤为重要，在管理中一定要有度，文武之道，一张一弛，所以中庸之道的辩证治理尤为重要。

7.1.1 "柔性心法"与"刚性技法"

中国传统文化中，道家文化讲究的是刚柔相济的管理之道，在刚柔的关系中，老子崇尚以柔克刚，老子在以水和金论述刚柔的关系时曾说："水，至柔也，金，至刚也；水能穴之，金有损而水无损，是攻刚强者，莫之能胜于柔弱也。"这句话的意思是水是至柔的东西，它却能攻击金子一样最强的东西，而自己不受损害，所以柔弱可以战胜刚强。同样，如果人能够学习水的柔弱特性，也能无坚不摧。这里老子所谓的"柔弱"，其实并不是柔弱无力的意思，而是比喻外表看似柔弱，其实内部包含有无比坚韧不拔的力量的事物。"柔弱"表现为事物表面很温顺，其内部却蕴涵强大的能量；表现为人的性格看似很随和低调，却有坚强的韧性。"守柔"思想代表了中国人虽低调、谦和，却具有坚韧不拔意志的民族性格。"守柔"思想对企业管理也有重要的指导意义，表现在管理实践中，就是企业家一定要有一个谦和低调的"柔性心法"，还要在管理事务中做到"刚性技法"。柔性的心法和刚性的技法，其实也是中国化管理的另一种表述，中国化管理就是以中国传统哲学理念作为管理之"道"，用西方科学的管理流程作为管理之"器"，这里柔性的心法就是管理之"道"，就是中国传统哲学的管理实践，这里刚性的技法其实就是西方科学的管理制度。

《道德经》上说："知其雄，守其雌，为天下溪。为天下溪，常德不离，复归于婴儿。"道家在这里用雌雄来表示刚柔两种状态，老子认为圣人应该是抱雄守雌，一个人知道自己的实力，却保持柔弱的态度，这样的人是很难战胜的。在企业管理过程中，无论是在管理手段还是行为引导上，都可以倡导这种理念，企业家用道家"处下不争"的理念来要求自己，一定要有"柔性心法"，只有这样才会处于不败之地。

"柔性心法"是一个企业和企业家价值观的体现。体现在理念上要"以人为本"和"对社会、人民和员工负责"的企业道德观；体现在行为引导上要体现"务实"和"坚守诚信、低调"的行为观；体现在企业战略上一定要有"忧患意识"。因为一个企业所面临的社会环境非常复杂，企业会遇到各种挑战，无论是企业，还是身处企业的企业家和员工，都有可能遭遇人生的巅峰和低谷。所以只要懂得"柔"的思想，就可以坦然面对外部的复杂形势，从而懂得迂回，懂得适应，就像水一样无论是在高处和低处，无论是在高洁的地方还是污秽的地方，都能适应外在的环境。这样对于企业，可以做到可持续发展，对企业家和员工，可以做到心态平和、幸福。

在企业管理中一定要做到"柔性心法"，但也要有相应的"刚性技法"，"刚性技法"就是"刚性管理"，中国化管理倡导的是"情、理、法"管理的有机结合。我们在企业的管理理念中植入"柔"的思想，并不是就要抛弃、反对刚性管理，"柔"的思想与"刚性管理"并不冲突和矛盾。企业管理中制度和文化建设的落地需要刚性管理来支撑，只有建立严格的管理制度，才能保证柔性哲学的贯彻执行，这正是道家辩证哲学观的表现。

"柔"体现了企业价值哲学中的"情"字，而"刚"体现企业管理的"严"字。"严"字始终是与"管理"两字相伴的，因为制度、章程、条例、程序、标准等都是企业为了维护正常的生产经营秩序和实现利益最大化所制定的"法"，是制度，没有张力，没有打折可言，必须严格执行。"情"体现柔性智慧，是我们传统价值体系中所提倡的，也是区别于西方管理思想的重要元素。对企业而言，"法"能保证有效执行，"情"却能让企业有凝聚力，同时"情"也是管理工作中重要的润滑剂。

"严"与"情"都是企业为实现预定的目标而采用的重要手段，两者是相辅相成、相互补充、不可分割的辩证统一关系，只有"严""情"并举，才能实现管理效能的最大化。制度无情，管理有情，无情与有情构成了管理上的和谐统一。要实现"柔性心法"与"刚性技法"的有机结合，管理者必须在实践中不断摸索、总结经验，坚持以制管人、以诚待人、以情感人，从而实现构建和谐企业的目标。

有一个典型的案例，美国著名企业家凯莎琳经营着连锁面包店，该企业有一条管理哲学——"只赚应该赚的钱。"并且公开声明："面包超过三天不卖，过期面包收回。"这个制度执行得十分严格，一旦发现有人出售过期面包，将处以重罚。有一次，该公司的一辆运输面包的车辆经过水灾区，困于路上，周边的人早已饥肠辘辘，都围过来要买他们的面包，但是这些面包已经过了三天的保质期，按照公司规定是不能出售的。两难之中，押运司机想出了"你们可以把面包强行拿走，但凭良心留下应交的钱"的"强买"办法。这样，既不违规，又救济了灾民，可谓一举两得。这一消息经媒体报道后，这家面包公司的信誉陡升，财源随之滚滚而来。

在这个案例中，我们能看到"柔性心法"与"刚性技法"的良好结合，凯莎琳的经营哲学是"只赚该赚的钱""面包超过三天不卖，过期面包收回"，这种理念里面，包含的是企业家对消费者健康负责的态度，绝对的顾客至上的原则，与老子"水利万物而不争"的柔性思想相契合。而为了保证这条经营哲学能够实施下去，就必须有严格的制度，制度的执行必须是刚性的，无容商榷的，否则一旦开了先河，制度就无法落地，经营哲学也就化为泡影。

我们提倡企业家们回归传统，学习老祖宗们流传下来的传统智慧，倡导中国化的管理之道，企业家应遵循中国传统哲学理念的"柔性心法"与西方科学管理制度的"刚性技法"相结合的管理方法，一定既要摒弃片面强调全盘中化的管理，也要防止不假思索就一味照搬西方的管理制度，企业家一定要在管理中做到刚柔并济，掌握管理的"心法"与"技法"的关系，这样企业才会做到基业长青。

7.1.2 "王道"与"霸道"

人们在谈论企业家的领导艺术时，经常会说"王道"与"霸道"两个词。"王道"以道德感化为主要执政方式，是建立在以德服人基础上的管理形式。"霸道"以行使权力为主要执政方式，是建立在以力服人基础上的管理形式。在历史上，无论是唐王李世民的"王道"还是秦王秦始皇的"霸道"，在一段时间内都对社会繁荣和稳定起到了很大作用，但是时间一长，两种执政方式都出了问题。历史证明，只有辩证地处理和应用好"王道"

与"霸道"的关系，社会或组织才能长治久安。

关于"王道"与"霸道"，早在 2000 多年前的孔子有过如下论述："道之以政，齐之以刑，民免而无耻；道之以德，齐之以礼，有耻且格。"这句话的意思是，只用政令及刑罚来管理和规范人民，人民就会只求免于刑罚但缺乏廉耻。而用道德和礼数来管理和教化人民，人民就会从内心产生羞耻感，从而自动自发地遵守社会规范。由此可见，以力服人的"霸道"虽然可以震慑组织内的成员，但不会达到自动自发的管理目的。只有以德服人的"王道"，才能最终感化组织内的成员并自觉遵守规章制度，从而达到管理的最终目标。

在 2000 年前的中国历史中，其实涌现出了许多伟大的管理大师，其管理的哲学理念与西方 2000 年后的理论如出一辙，所以不得不说我们古代圣人先贤的智慧已经超越了历史的时空。我们现在重拾历史的思想贝壳，就会有许多意外的惊喜和收获，也就会感知中国化管理的精髓和魅力。

现代西方管理学中对"制度"和"文化"的管理关系做了许多论述。在西方，许多制度很容易被人们接受并被执行下去，因为西方人有宗教契约精神。而在中国，只有好的制度才能被执行，坏的制度或不合理的制度，从一开始就会被人们诟病而无法执行下去。

在中国"情、理、法"的传统文化氛围中，"王道"与"霸道"相辅相成。如果"霸道"超越了以德服人的理念，即使执政者再强硬,制度也执行不下去,从而使其统治和管理的组织产生反抗,最终使这个组织无序化。三国时期诸葛亮七擒孟获的故事,就是"王道"与"霸道"一起使用最好的例子。诸葛亮用"霸道"七次擒住了孟获,但是为了能让孟获自动自发地从内心归顺,诸葛亮又用"王道"之法六次放了孟获,最终用"霸道"与"王道"的结合使南夷地区长治久安。从这个历史故事中,我们可以得到启发,没有"霸道"是不行的,但是光靠"霸道"也不行,"王道"是管理的最高境界,道法自然、无为而治的管理主体就是"王道"。而"霸道"也必须有其合理性,合理的"霸道"正如孔子所论述的,必须建立在"王道"的基础上才能达到管理的效果。

就现代管理而言,"王道"就是文化的管理,"霸道"就是制度的管理,管理不仅要有科学合理的制度,而且还必须要有符合这个组织特点的优秀文化。企业在规范约束员工行为的同时,应该给员工们留下自由发挥的空间,形成以德服人、以人为本的良好文化氛围,使员工自觉自愿地进行自我约束、自我规范、各司其职,这是科学制度贯彻的保证和前提。所以,"王道"是"霸道"的前提和保障,"王道"能带来员工自我激励、自我约束和自我协同的管理终极目标;而科学的"霸道"又是为"王道"服务的一个管理手段,没有合理的"霸道",组织就陷入了无序的状态。

当下中国企业,"霸道"的制度建设已不是最大的问题,但制度建设以后如何用人性的道德力量去执行遵守它，是一个挑战。那么，中国传统哲学思想的"王道"管理模式可以解决这一问题。中国传统文化是教会员工怎么做人的管理方法，只有懂得怎么做人，才能主动去遵守"霸道"管理制度，否则制度永远都是写在纸面上的。

7.1.3　仁心与慧思

成功的领导者应该具备怎样的个人素质？这个话题被讨论了很久，市面上的论著也多如牛毛，国内的、国外的成功企业家的传记很多，他们成功的经验也各不相同。在企业家群体中，你很难找到他们的共同之处，反而是他们拥有的个人魅力和个性给我们留下了深刻的印象。有的企业家近似疯子，有的企业家非常吝啬，有的企业家很暴戾，有的企业家沉溺酒色。所有这些好像并不妨碍他们企业的成功，反而成了他们各自成功的方法和密码。但如果我们深入研究就不难发现，企业家纵有个性，但所有领导者其实都具备两个共同的素质，这就是仁心与慧思。

中国常以廉洁奉公、勤政爱民和鞠躬尽瘁等词语褒扬优秀的执政者。中国古代的圣贤周公"一沐三握发，一饭三吐哺"，正是因勤政爱民而被后人传为佳话。可见，对于中国人而言，勤政与爱民是领导者必须具备的基本素质。勤政与爱民是比较通俗的讲法，从更高的境界来讲，领导者的两个基本素质就是仁心与慧思。仁心是领导者体恤下属的爱心，以及领导者对社会和公众的责任心，它体现了领导者的涵养与人性，而慧思是领导者的勤勉和智慧，它体现了领导者的职业道德与执政能力。仁心与慧思之间既相互联系，又相互作用，其中仁心是慧思的基础，而慧思是仁心的表现和要求。

西方的企业领导人其实非常重视尊重和关爱员工。摩托罗拉公司前总裁保罗·高尔文在听说企业员工或其家人生病时，总会向员工推荐医生并代为支付医疗账单；泰国本田公司的社长市川永次身为日本人，每天都在工厂准时播放泰国国歌，升泰国国旗，并与员工一起敬礼，以表示对泰国员工的尊重。从这些事例可以看出，仁心其实是企业家应该首先具备的道德修养，只有拥有仁心才能避免"亡于众"，企业家才能得到员工的拥护和爱戴，企业才能形成强大的凝聚力。

在这里，慧思包含了两层意思：一层意思是企业家应该勤奋敬业，另一层意思是企业家更应该善于学习、善于思考、不断提升管理能力和智慧。慧思不仅体现了领导者的职业精神，还体现了管理者的执政能力。勤奋敬业是企业家慧思最基础的表现，无论是美国的韦尔奇，还是日本的松下幸之助，或是中国的张瑞敏，都是勤奋的模范。勤勉是企业家成功最起码的条件，而高明的管理智慧和管理艺术才是慧思的更高表现。纵观那些成功的企业家，无一例外是集勤勉与思考于一身的慧思者。

仁心与慧思是企业家应该具备的两个最基本的素质，企业领导者一定要把仁心与慧思辩证地结合起来。只有关爱与尊重员工，企业才会达到上下同欲、无为而治的管理境界。只有企业家自身拥有勤勉的敬业精神和高超的领导智慧，企业才能实现"以德服人"和管理成本最低化的良性发展之路，仁心与慧思是中国化管理中企业家必修的管理艺术。

第二节
传统文化与企业家修炼

7.2.1　企业家的"三畏"

纵观一线的中国企业家，他们其实不乏孜孜以求的目标，又不乏默默无闻的实干精神，也不乏在艰难困苦中奋斗的韧性，更不乏吃苦耐劳的创业精神。但是企业家群体一旦成功以后，很多人在事业上稍有长进之时，就变得自信满满，忘了谦虚，忘了谨慎，甚至变得傲慢和狂妄起来，开始目空一切，认为自己没有什么事情办不到。"只有想不到的事情，没有办不到的事情"成了他们的口头禅，认为自己无所不能，完全丧失了中国人历来特有的敬畏之心。

其实，对事物规律的把握以及对人和事物刻骨铭心的敬畏，是一个企业家必须永远保持的心智模式。敬畏之心是一个企业家保持头脑清醒、保持良知、保持不犯错误从而不会中途夭折的根。没有敬畏之心，没有对事物和人的敬重，也就等于这个人离失败已经越来越近了。

黄光裕的人生历程就是很好的例证。黄光裕少年时期开始闯荡江湖，凭借着敢想、敢做、敢闯打造出了国美的一片天地。他克服了常人无法想象的困难，付出了常人无法承受和忍受的各种人生历练，抓住了稍纵即逝的商机，终于走向成功，一度成为中国首富和企业家学习的楷模。随着赞美和恭维的不断增加，黄光裕陶醉了，以为自己的成功方法可以向无数领域复制，以为自己没有做不到的事情，当初自己打天下时如履薄冰的敬畏和孜孜追求的恭慎被他彻底丢掉了。他可能忘记了成功路上的每个细节，忘记了捕捉前进路上的每个变化，忘记了因时间与空间的不同而采取不同策略的行动理念，忘记了权宜之计的本色，忘记了成为首富应该承担的社会责任。他变得异常自负、孤独和空虚，创造的激情已被赌博的刺激取代，他以为天地之大没有他办不成的事情，结果失去了生命中最主要的良知，失去了敬畏的心智模式，也使自己失去了安身立命之地。

孔子说过："君子有三畏，畏天命、畏大人、畏圣人之言。小人不知天命而不畏也，狎大人、侮圣人之言。"中国人历来就是在畏天命、畏大人、畏圣人之言的敬畏之心中，自觉地约束着自己的行为规范。这里的天命就是自然和事物发展的本质规律，大人就是比自己有经验和有知识的领导、长辈和同事，圣人就是我们的思想先哲。说到底，"三畏"就是对正当事物和正当人的一种尊重，以及一种刻骨铭心的敬畏。只有心存敬畏，才能甄别什么是可为而什么是不能为，只有心存敬畏，才能实现人生的终极目标，只有心存敬畏，才能延续激情，延续成功。

心存敬畏也是企业家践行自身责任的保证，生命的暂时绚烂与生命保持持续的活力不是一回事。许多企业家在追逐名和利以及企业的财富和规模上不择手段，肆意妄为，甚至搭上生命和自由，这都是失去了敬畏之心，从而失掉了自身责任所带来的恶果。保持一颗敬畏之心是驾驭成功的法宝，企业家们千万不能忘记这一中国传统哲学思维模式。

7.2.2　企业家"四毋"

"子绝四：毋意、毋必、毋固、毋我"，这句话出自《论语·子罕》，说的是孔子一生的行为杜绝了四种弊病：不主观臆断、不绝对肯定、不固执己见、不唯我独是。孔子的"绝四"行为标准被后人称为孔子的"四毋追求"。这里的"四毋"，是孔子一生始终以此为戒的行为道德标准，是孔子之所以超越普通人而成为圣人的原因所在。感悟孔子精神高尚之余，我们不难从中发现，"不主观臆断、不绝对肯定、不固执己见、不唯我独是"的"四毋"，其实也是当代企业管理者必须修炼的道德标准，成功的企业管理者在决策时必须遵守的思维观和方法论。

"毋意"就是一切要以事实为依据，不要主观臆断，没有洞察研究就没有发言权。企业家一定要履行实事求是的哲学思想精髓，把功夫放在调查研究和亲力亲为的行动当中，只有建立在"行"上的"思"，才能科学准确。按客观规律办事而不能拍脑门儿办事，是企业家一定要牢记的管理理念。

"毋必"就是对事物不能完全肯定，也不能完全否定。不要一棍子把事、把人打死，要用辩证的、一分为二的哲学观处理各种事物。企业家一定要克服偏激的思想和过激的行为，过度的创新就是冒进，过度的守旧就是倒退。在决策时，企业家一定要统筹兼顾、科学评估、持续发展、平衡和谐，不要犯"人无远虑，必有近忧"的错误。

"毋固"就是不要一味地固执己见，听不进别人的建议和意见，喜欢狂妄自大、目空一切。一个人的知识结构、工作能力和社会阅历有限，所以取长补短、兼容并蓄是每个人进步和提升自我的最好途径。海纳百川方显海之阔，企业家一定要听取各方意见，避免刚愎自用，固步自封。

"毋我"就是不要以自我为中心，要把唯我做成忘我。一切以集体、以团队为思维出发点，过于自我就会"一叶障目，不见泰山"，既要有全局意识，也要有群体意识，不要独自乐，要众人乐。如果企业家一切以企业全局大局为出发点，一切以全体员工为出发点，而不计较个人的得与失，这样就能引领企业和员工走向成功。

孔子的"四毋"，不仅是孔子对自己行为的约束标准，也是孔子建立人格魅力和人格力量的重要媒介。孔子之所以弟子三千名，无论在其穷困潦倒之日，还是有如丧家之犬惶惶不可终日之时，总有忠实的弟子追随着他，恐怕"四毋"在其中起了很大作用。人格力量的渗透是构建领导威信的重要途径，能杜绝不瞎猜、不独断、不固执、不自以为是的毛病，拥有"舍己从人"的胸襟，实时反思自己而不迁怒于人，这样的企业家怎能没有人格力量，怎能不成为引导企业思想的力量和典范，怎能不被员工爱戴？所以贯彻孔子的"四毋"追求，是成为魅力型领袖的有效途径。

孔子的"四毋"追求也是落实科学发展观和构建和谐社会的要求。一个企业要想科学地发展，其领导者必须践行"四毋"行为标准。只有做到"四毋"，才能建立一套科学决策的程序和方法，才能避免不按客观规律办事的胡乱决策，才能践行实践是检验真理唯一标准的理念，才能建立集思广益、博采众长、实事求是的务实作风。企业家做到"四毋"，也是构建和谐企业的要求。企业要想实现与自然、社会和员工的和谐统一，必须要求企业管理者具备"四毋"作风。闻过则喜，一日三省，谦虚谨慎是和谐的重要保证和前提。与自然和谐就是不臆断，按规矩办事；与社会和谐就是不固执、不狂妄；与员工和谐就是不自伐、不唯我独尊。

孔子的"四毋"是儒家克己复礼价值体系的具体体现，也是企业管理者应该具备与修炼的行为道德标准。"不瞎猜、不独断、不固执、不自以为是"是企业管理者坚持原则和寻求真理的思维观和方法论，也是确保把企业家人格力量化作企业力量，促进企业可持续发展的方式方法。

7.2.3 企业家"三宝"

"知者不惑，仁者不忧，勇者不惧"这句名言出自《论语·子罕》《论语正义》引《申鉴·杂言下》中的内容，文中对这句话做了进一步阐述："君子乐天知命故不忧，审物明辨故不惑，定心致公故不惧。"孔子认为，智者能审物明辨，所以不迷惑；仁者能做到乐天知命，所以不忧虑；勇者能定心致公，所以没有畏惧的事情。这里的智者、仁者和勇者，就是孔子用来衡量君子的标准。

"君子"一词在孔子的《论语》中出现的频率非常高。在"无义战"的春秋时期，孔子希望天下君子多一些，这样人民的生活才有可能好一些。孔子的理想境界是，通过修身、养性使更多的世人达到"君子"的境界，从而实现整个社会人性的回归，而"知、仁、勇"是成为"君子"的必要条件。

"知、仁、勇"中的"知"是指知识和智慧，一方面指个体在社会中所需要的专业知识和学问，另一方面又指个体在工作和生活中的经验和思路，它也是认知事物和感知事物的境界。宋代词人辛弃疾的"蓦然回首，那人却在灯火阑珊处"就是一种从感性到理性的"知"的境界。"仁"就是爱人和克己的意思，爱人就是对社会、对人民有爱心，克己就是能自觉约束自己的行为。"仁"还有自强的意思，只有自强以后才能帮助并施仁于其他人。"勇"，是建立在"知、仁"基础上的。因为有智慧、有仁德，人生才无所畏惧，只要有勇敢之心，才能勇往直前。同时，勇也并非单指勇敢，它也指坚持原则和信念的勇气和决心。

孔子的"知、仁、勇"人生三宝，是成功者必备的三个方面，也是人生应该追求的三个境界。知者没有疑惑，因为他们通过学习有了认知事物的知识和技能，有了超越于知识和聪明的智慧，更有了明辨事物真知的悟性。"大梦谁先觉，平生我自知"就是这个境界的表现。仁者没有忧虑和担忧，因为他们胸怀天下、胸怀国家、志向高远、道德高尚，所以忘了个人的小忧，他们已超越了物质的羁绊，没有了人生得失之忧。仁者的忧是有忧患意识，他们乐天知命、自强不息、进取不止，所以在他们眼里没有忧虑，也没有担心。勇者没有恐惧。因为有了知和仁，就有了自信心和感召力，心胸昭然坦荡，本领技艺高强，有坚定的人生信念，人生还有什么恐惧而言？

孔子的人生三宝对于当代中国人有着更为现实的教育意义。在如今市场经济下，个人的人生目标发生了很大转变，物质追求成为主流价值，人们失去了人生理想和信念，社会弥漫着急功近利、缺信少德、萎靡不振、得过且过的不良风气，一切以拥有物质的多少论英雄，完全摒弃了"知、仁、勇"的人生价值观的追求，这是很危险的事情。时代呼唤孔子人生三宝的回归，而作为精英阶层、承担着产业报国的中国企业家群体，更应该树立孔子"知、仁、勇"的人生价值观。

当代有些企业家追求所谓事业的成功，整日忙于交际应酬，基本不读书，知识匮乏，见识肤浅，谈不上智慧、感悟和境界；有些企业家不仅缺乏责任心，更缺乏爱心，处处只为私欲处心积虑；也有些企业家为了物质最大化而不择手段，有的甚至置国家法律与社会道德于不顾，更谈不上施仁于社会、施仁于人民；还有些企业家在最初的人生目标实现后，失去了理想和信念，没有了人生信条，又没有了勇敢之心，也没有了前行动力。在这个现实面前，孔子的人生三宝是指引这些企业家回归人生价值的明灯。

"知、仁、勇"是当今企业家应该具备的基本素质。如果企业家拥有了"知、仁、勇"而成为"知者、仁者、勇者"，那么就能真正成为新时代要求的企业家，只有具备这三种基本素质的企业家才能承担"心忧天下，产业振国"的强企重任。孔子的人生三宝是企业家自我修炼和树立正确人生价值观的最好精神教材。

7.2.4　企业家"四无"

道家思想主张"无为而治"的领导艺术，理解和运用道家"无为"思想，除了可以使企业的领导人具备高超的领导艺术，还可以使领导者保持良好和正确的心态。无论干什么事情，保持一个良好的心态都非常重要。无为而治不仅强调管理的最后结果，更强调管理过程中管理者的心态，那么用怎样的心态才能达到无为而治呢？道家思想的代表者之一庄子告诉了我们答案。庄子说过："无为名尸，无为谋府，无为事任，无为知主。体尽无穷，而游无朕。"这就是庄子的"四无"，意思是不要让心被虚名所累；不要让心做谋略的场所；不要让心被俗事纠缠，不要让心为后天知识主宰。要默默地体验那没有穷尽的本源，自由自在地在其中游乐而不留下踪迹；任其所能秉承的自然之性，从不表露也从不自得，也就是心境清虚淡泊而无所求罢了。庄子是老子之后道家思想又一个代表人物，他的《逍遥游》被看成人生超凡脱俗的经典。每个忙于人生琐碎之事的平凡人，在疲惫之余无疑渴望像庄子一样出世忘我、逍遥人生，可是现实中的生活远非庄子描述的那样轻松、自在和洒脱。我们虽然不能以庄子那样的心态面对世界、面对社会和面对人生，但我们可以用庄子的思想去放松自己的心灵，用良好的心态去挑战人生每个考验，庄子的"四无"是无为而治的心灵法则。

所谓"无为名尸"，是指凡事不要成为名利的奴隶，应抛开名利而看待事物与人生，不让心灵为虚名所累。

所谓"无为谋府"，是指凡事不要过多地运用心计处理问题，不要把简单的事情想复杂了，不要让心灵处处做谋略的场所，保持率真和真诚的心态很重要。

所谓"无为事任"，是指凡事不要太过于追求极致，让工作成为一种负累，极端的投入反而导致思维的偏差，从而做出错误的判断，因为"不识庐山真面目，只缘身在此山中"，不要让心总被俗事纠缠。

所谓"无为知主"，是指凡事不要总以主观思想为出发点，应该认真听取别人的意见，要从全局上对整个事物做出正确的判断，尽量不要事事发表自己的意见，更多的是要学会欣赏和接纳别人，做任何事都要让心不被后天的知识所主宰。

庄子的"四无"推崇人应该在放飞心灵的前提下无为而治，去追求自己的人生目标，每个人要以轻松自在的心态观察事物的本源，心境应清虚淡泊和自由快乐地禀承自然才能达到无为而治。我们在看待庄子的人生哲学时，应抛弃庄子消极悲观的思想，持有他对待事物的良好心态，用庄子的"四无"滋润我们的心灵，用自强不息的精神去鞭策我们的行动，这是每个管理者必备的精神素养。

每个企业管理者肩负着一个企业兴衰成败的使命，每个企业管理者也承载着国家、民族和社会进步发展的责任，保持一个良好的心态对实现人生目标非常重要，庄子的"四无"哲学是企业家修炼心灵的最好教材。其实，再复杂的事务也不会使人垮掉，心灵上的劳累和重负才能将一个人彻底摧毁，学习庄子的"四无"就可以使每个企业管理者在面对千变万化、千头万绪的各种事物时，不会感觉力不从心、心身疲惫，因为心安则一切都安。一个人如果有庄子"四无"的心态和无为而治的方法论，就会达到庄子"体尽无穷，而游无朕"的人生境界。庄子的"四无"是老子无为而治思想中很重要的组成部分，也是企业家心灵修炼的黄金法则。

第三节
传统文化与企业领导力

7.3.1　大道至简

孔子在为《易经》写的系辞中说："乾以易知，坤以简能；易则易知，简则简从。""易简而天下之理得矣，天下之理得而成位乎于其中。"这几句话的意思是："易"是包含上知天文、下知地理的宇宙一切规律，而这宇宙高深的规律却是最平凡的，最平凡的其实也是最高深的。它揭示了世上一切看似深奥高远的东西，其内在的规律和本质其实是最简单的。

《易经》最主要的思想就是"三易"：不易、简易和变易。其中"简易"就是说大道行简。宇宙间的万物，千姿百态，万物的运动千变万化，可其总有一个大法则、大原理。而这个大法则、大原理是最简单、最朴素、最平凡的，我们称之为"道"。天道至简至易，简易才是天下一切美好事物的美学准则！越简单就越真实，也就越符合事物的本质。正因为简单、真实和符合事物的本质，才显得美。

老子在《道德经》中也说："图难于其易，为大于其细。天下难事，必作于易；天下大事，必作于细。是以圣人终不为大，故能成其大。"这句话说明天下所有的大事、难事其实是最简单的，有智慧的人善于抽丝剥茧，从难入手，找到主宰事物的支点，把它变成很容易办的事，这就是圣人终不为大的原因。也说明世上任何纷繁复杂的事物都可以用最简单的方法找到它的内在规律。

我们现代人喜欢把很简单的事情复杂化，无论生活、事业和人生都人为地复杂化了。大多数企业家在管理企业时，往往把很简单的管理搞得玄奥繁复，从领导人的讲话稿到会上每个人的发言，从企业文化中的价值观到企业发展的战略，统统都搞得废话连篇，就连最简单的营销也不再讨论最基本的业绩，而在业绩之外游离。

科技的发达和互联网的普及，使世界上古今中外的信息一下子都很轻易地摆在我们面前，扰乱着我们对精神的追求，也使我们原本简单的生活、工作和人生变得异常复杂，其实对于个体生活而言，享受简单就是享受生活。幸福对于人生其实就是简单事情的不断重复，对于工作就是将复杂问题简单化，对于企业家来说，就是首先把企业错综复杂的事物通过分析、研究、判断，找出最简单的规律，然后用最简单的方法去解决它。

因此，所谓领导力的高低就是看有没有把事情简单化的本领和技能，但凡成功的企业家都非常气定神闲，有四两拨千斤的本事，而整天为琐细之事忙碌不停的企业管理者只能算企业主，不可能成为企业家。如何将复杂变简单，如何透过变化把握不变化，这是企业家领导力提升的重要议题，企业领导力其实是个哲学问题。

前通用CEO杰克·韦尔奇说过："你简直无法想象让人们变得简单是一件多么困难的事情，他们恐惧简单，唯恐一旦自己变得简单就会被人说头脑简单。而现实中事实正好相反，那些思路清楚、坚忍不拔、有能力、有成就的人们正是最简单的人。"

的确如此，一切问题都可以用更简单的方法去解决。中国古圣先贤老子和孔子的"大道行简"的核心理念是解决这一问题的哲学源泉，它可以让企业家在解决问题时都遵循"复杂问题简单化，简单问题条理化，解决问题重点化"的原则，使人生回到简单上来，以此来提升企业家们的领导力。

7.3.2 "四不"领导艺术

老子在《道德经》中说："不自见，故明；不自是，故彰；不自伐，故有功；不自矜，故长。夫唯不争，故天下莫能与之争。古之所谓'曲则全'者，岂虚言哉？诚全而归之。"意思是不显露自己，反而能显明；不自以为是，反而能彰显；不自我夸耀，反而能成功；不自高自大，反而能长久。所以只要不与人相争，世界上也就没有人与他相争了。这句话被认为是道家"无为而治"思想的最经典论述。老子"无为而治"的道家思想在中国历代封建王朝中被认为是最高的统治和领导艺术，"无为而治"的道家思想不仅使历代统治者巩固了自己的统治地位，还使社会得到了飞速发展。老子的四不"不自见，不自是，不自伐，不自矜"是"无为而治"思想的精华，是达到无为而治管理境界必备的领导艺术素养。

所谓"不自见，故明"，就是说看待与处理事物时，不要仅从自己的角度为出发点分析判断其内在的规律，做出决策时应当以局外人的心态，不要一味地固执己见，这样才能保持明智，也才能看清事物的本质。"不自是，故彰"，就是说凡事要多听各方面的建议和意见，不要单纯以自我思维来看问题和处理问题，要博采众长，不要自以为是，这样才能知晓事物的内在关联，昭彰事物的是与非。"不自伐，故有功"，就是说凡事不要因为一时成绩而沾沾自喜、自我满足，要保持宠辱不惊的心态，不要自吹自擂、自我炫耀，要内敛、低调，把实现人生终极成功作为追求目标。志当存高远，这样才能取得最后的成功。"不自矜，故长"，就是说凡事即使取得了期望中的成绩，实现了预期的目标，也不要骄傲自满、自高自大，应该保持谦虚谨慎的心态，要有忧患意识，这样才能长久保持成绩，最后立于不败之地。

老子的"四不"其实集中起来反映了道家思想中最基本的

"曲"的哲学理念，无论是不自见、不自是、不自伐，还是不自矜，都是在讲人生"曲则全"的道理。领导者即使达到了很高的管理境界，人生取得了很大的成功，都不要夸耀自己的才能，不要目空一切，也不要过分张扬自己的功劳，更不要自以为是、高高在上，做一些违背人性道德与行为标准的事情。虽然居功至伟、功德显赫，但要谦虚谨慎、小心翼翼，这样才能圆满，也才能成功伴随一生。我们看到有些企业家在成功后逐渐走向自我毁灭的道路，让人惋惜，其原因就是没有遵循老子"四不"与"曲则全"的思想，成功反而成了失败的催化剂。

老子的无为思想并不是让人消极等待，无所作为。老子其实并不反对有所作为，他的无为是鼓励人们努力奋斗达到有为时，采取无为的心态和"曲则全"的哲学理念去处理事情，从而使有为一直延续下去。老子主张的是"为而不恃"和"为而不争"的管理艺术，这样的"无为"其实是"有为"的最高境界，只有这样的"无为"才能达到"无不为"的功效，所以"无为而治"被看成管理的最高追求。历史上的明君贤臣，以及当今跨国公司的高端领导者，无一不是无为而治的践行者。

著名的企业家松下幸之助认为："所谓的无为就是人力本身的无所作为，但制度本身仍运行不违，这才是领导，是真为。"所以"无为而治"最重要的是用制度的真为来代替个体的无为，而个体的无为其实是在制度管理下的各尽所能、人尽其才地自由运行和自由发挥，而不是主观臆断、随意安排布置员工的工作。世界 500 强企业美国麦格劳—希尔集团的创始人哈罗德·麦格劳曾经指出："一个领导所真正能做的唯一的事情就是营造一个有利于持续进步的环境。"其实，这是"无为而治"管理思想的另一种表述。

老子的"四不"是道家"无为而治"思想的前提和必要保障，它告诫领导者一定要有良好的心态和正确处理事物的人生理念和管理思想。道家思想推崇的领导艺术主要是两个方面的要求：一个是"四不"的思维方式，另一个就是"曲则全"的领导行为，只有做到这两点，才能达到"无为而治"的管理境界。老子的"四不"是企业家实现成功人生、王者归来的思想法宝。

7.3.3　庖丁解牛与管理智慧

"庖丁解牛"的故事出自《庄子·养生主》，曾被编入中学课本，是广为人知的故事。"庖丁解牛"其实蕴含了很多哲学理念。在改革的大潮中，许多企业家经过艰苦卓绝的奋斗，造就了许多商业传奇。但第一代企业家许多都成了历史的记忆，不是企业从昌盛走向了衰亡，就是企业家本人出现了这样或那样的问题。王者归来，最后完美谢幕的寥寥无几，究其原因，根本之处就在于成功之后，心态发生了变化，没有很好地把握企业和自我管理之道。从开始的兢兢业业到后来的浮躁散漫，从开始的小心谨慎到后来的盲目自大，从开始的谦虚平和到后来的唯我独尊，从开始的调查研究到后来的脱离实际，从开始的内敛慎独到后来的飞扬跋扈，这都是其成功之后没有严格要求自己造成的。"庖丁解牛"的故事原是说养生的道理，但更是揭示了管理者如何王者归来的自处之道和处事之道。

在"庖丁解牛"的寓言故事中，庖丁为文惠君解牛，刀法娴熟，发出的响声合乎音律，文惠君惊讶于他的技术竟然如此高超，庖丁放下刀回答说："臣之所好者道也，进乎技矣。始臣之解牛之时，所见无非牛者；三年之后，未尝见全牛也；方今之时，臣以神遇而不以目视，官知止而神欲行。依乎天理，批大郤，导大窾，因其固然。技经肯綮之未尝，而况大軱乎！"翻译成白话文，意思是说："我所爱好的，是事物的规律，已经超过一般的技术了。开始我宰牛的时候，眼里所看到的无一不是牛；三年以后，不再能见到整头的牛了。现在，我凭心神和牛接触，而不用眼睛去看，视觉停止了而心神在活动。依照牛的生理上的天然结构，击入牛体筋骨相接的缝隙，顺着骨节间的空处进刀，依照牛体本来的构造，筋络交错和筋骨结合的地方，尚且不曾拿刀碰到过，更何况大骨呢！"

这则寓言故事说明，管理者要想取得成功必须经历管理的三个阶段。庖丁开始解牛时，目有全牛，不懂规律；三年之后，目无全牛，懂得规律；方今之时，游刃有余，应用规律。只有经历"不懂规律，懂得规律和正确应用规律"这三个阶段，管理才渐入佳境。

除此之外，这则寓言故事还揭示了管理者成功后必须把握的自处及处世之道。同时也说明了管理者要想达到内圣外王的管理境界，所必备的几个哲学理念。

首先，做事一定要了解事物的内在规律，即使很成功也要按规律办事。庖丁顺着自然的纹理去解剖筋骨盘结的牛，世事虽复杂，但顺乎事物的自然规律去做，勿强行，勿妄为，乃可迎刃而解。

其次，即使胸有成竹，事业达到了一定高度，但还是要小心谨慎，需收敛锋芒，低调做人。庖丁虽然"游刃有余"，但是每次解牛，他总是小心谨慎。解完牛，虽然"踌躇满志"，但不露锋芒，随即把刀揩干净收藏起来，这种心理上的警觉和行为上的收敛便是自处之道。

最后，办事一定要避开锋芒，从长计议，并且要以己之利，攻彼之弊，还要休养生息，养精蓄锐。成功永远没有止境，坚持到最后不失败才是真正的胜利者。庖丁游刃有余是因为他不局限于每次的成功，他把每次都作为第一次，把每次成功都作为阶段性胜利，把成功定位为常态化和终极化。

以上三个自处和处事之道其实都是中国传统哲学思想精髓之一。管理者最终要达到内圣外王的管理境界，必须要像庖丁解牛那样，为人低调收敛，做事按规律办事，成功后依然如履薄冰，谦虚谨慎，并且把最后的成功定位为人生最终目标，这样才能真正地游刃有余，实现王者归来。

第四节
传统文化与企业价值观

7.4.1 "以财发身"和"以身发财"

我们在生活中经常看到有些企业家乐善好施，把财富看成实现人生价值的工具，把大量财富回馈给社会。但也会看到有些企业家为富不仁，他们不仅不回馈社会和人民，反而为了获取更多财富不择手段。这两种人在儒家经典《大学》里有描述，《大学》最后一段有一句"仁者以财发身，不仁者以身发财"，这句话的意思是仁者利用财富达到自己的理想，不仁者以自己作为获取财富的工具。这里的"以财发身"和"以身发财"其实道出了我们所说的两种不同的财富观。"以财发身"是利用财富完成人生的理想，这里的财富是一个媒介，是实现人生的意义和价值的一个工具而已，是人的从属。拥有"以财发身"价值观的企业家，会处理好财富与社会的关系。"以身发财"则是把追求财富作为人生的目的和目标，人变成了财富的工具，成为利益的奴仆。拥有"以身发财"价值观的企业家就会爱财如命，奉行"人为财死，鸟为食亡"的原则，不惜以生命为代价去敛钱发财，或贪赃枉法，或铤而走险。"仁者以财发身，不仁者以身发财"其实是儒家义利观的体现，在企业管理中，处理好义与利的关系对企业至关重要，儒家的义利观能给我们一个很好的启示。

人们往往会对儒家文化有所误解，认为儒家只讲仁义不谈利益，其实儒家可以说是义利并重的。"仁义"在儒家那里虽然是头等重要，但是儒家并不反对对"利"的追求，认为"义"和"利"并不冲突，只是"利"的获取应该符合"义"的原则。《论语》中孔子说："富与贵是人之所欲也，不以其道得之，不处也；贫与贱是人之所恶也，不以其道得之，不去也。"孔子认为，"富和贵"即利益是人人都想要的，但利益一定要取得有道义，如果违反道义去获取财富，那是不可以的。《论语》中还有许多关于义与利的论述，如"富与贵，人之所欲也""不义而富且贵，于我如浮云""富而可求也，虽执鞭之士，吾亦为之"等。这些都不是对"利"的排斥，而只是主张先义后利，强调"义利并生"，强调经济生活的道德原则，认为集体利益高于个人利益，精神价值重于物质价值。

企业要想可持续发展，一定要处理好义利的关系，一定要有一个正确的核心价值观，我们看许多百年企业，几乎全部是诚信负责任的企业，也几乎全部是义利并生的企业。百年企业同仁堂之所以能够三百年牌子不倒，正是源于将传统的中医药文化和优秀的中华文化有机结合，形成了特点鲜明的核心理念。所以"以义为上，义利共生"的义利哲学至关重要，只有在这个原则下做到了"炮制虽繁必不敢省人工，品味虽贵必不敢减物力"的药品质量，同仁堂这样的企业才会成为百年品牌。企业一定记住在追逐利润的同时，坚守住自己的道德底线，以牺牲道德和消费者利益换取利润，最终必将付出沉重的代价。

儒家义利观告诉我们，一个企业绝不是单纯的生产或经商的工具，而是一种经营生产或从事商业活动的社会组织，企业不应当以追求利润作为唯一的目标。企业是社会的组成部分，也是社会机器的一个零部件，所以企业本身也肩负着一定的社会责任，体现着一个民族的身份，一个时代的形象。只有这样，企业才能处于健康发展的状态，实现长期可持续发展，从而实现利润的最大化。一个企业家一定要肩负着一种责任意识，这种责任意识包含对社会的回馈，对人生理想和信仰的坚守，还有对后代做出表率的责任，而不是把获取财富作为企业及企业家的终极目标，成为金钱的奴隶。中国企业在管理实践中一定要处理好义利的关系，一定要树立"以财发身"的财富观，在经营企业时，一定要义利并生，不要"以身发财"，只有这样企业才会走得更远。

7.4.2　天地法则

企业一定是一个盈利的组织，但是企业不能把盈利作为它唯一的目标，否则这个企业就不会长久，也不会做到基业长青。

西方管理大师德鲁克认为，一个成功的企业必须有一个好的流程与组织结构，而好的流程与组织结构是从正确的战略中来的，而正确的战略取决于企业的使命。这就是著名的使命决定战略，战略决定组织结构，组织结构决定结果的管理论断。其实，德鲁克的这个管理思想是从中国几千年前的先哲老子那里学来的。

衡量一个企业是否成功，通常是看它能否盈利、能否成就员工并回报社会。这些固然没错，但最主要的还是看它能否可持续发展。使企业基业长青其实是每个企业家的理想，那么企业怎样才能做到基业长青呢？比德鲁克早2000多年的老子就给出了答案。

老子在《道德经》中说："天地所以能长且久者，以其不自生，故能长生。"这句话的意思是："天地之所以永世长存，是因为它不是为自己而生，故此才能得到永恒。"老子告诉我们，天地之所以能长久，原因很简单，是因为天地不是为自己活着的。同样，如果一个企业家和他领导的企业的使命和定位能效法天地精神，能做到在为自己活着的同时，更为社会和大众活着，那么他的企业一定就会基业长青。

如果遵循了老子的天地精神，一个企业就不会定位在只为自己盈利而存在，一个企业家也不会把追求利润最大化作为企业的核心价值观。因为这样的企业不会基业长青，这样的企业家更不会赢得社会和大众的认可。

如果一个企业家不顾社会及民众的福祉，把追求利润最大化作为企业使命来定位的话，即使他再成功，也会功亏一篑的。

最近发生丑闻的默多克新闻集团就是很好的例证。作为传媒大亨，默多克可谓是成功的企业家，他旗下的新闻集团几乎垄断了美国、英国、澳大利亚及许多国家的传媒业。可是，近几年来，默多克倡导的利益第一的经营理念违背了老子所论述的天地精神，新闻集团不顾社会与民众的利益，用违背人类道德的极端手段获取新闻线索，通过窃听别人的隐私来吸引广大读者的眼球，从而提高媒体的收视率。默多克新闻集团为达到企业利润的最大化而不择手段，结果因为窃听门事件，几十年来构筑的传媒帝国面临着轰然倒塌的危险，这就是违反企业生存法则的恶果。

诚然，有一些企业因为各种机遇和社会环境的特殊性取得了某种意义上的成功，但是这种成功能否持续，企业能否长青，是摆在每个所谓成功企业家面前的一个大课题。一个企业光拥有好的战略、科学的流程与组织结构是远远不够的，企业要想基业长青，必须要树立一个有益于社会与大众的企业使命和核心价值观，这样的企业才能与天地一样长长久久，这也正是中国古代先哲老子对我们的忠告。

7.4.3　财神爷范蠡的财富观

中国很多地方有拜财神的民俗，每逢春节等重大节日，人们都会请一幅财神画贴在家里，以祈求来年生意兴隆，财源滚滚。在他们眼中，财神是能带来财富的神。中国民间供奉的财神之一是忠义千秋的关公。关羽的故事通过《三国演义》已家喻户晓，在中国传统文化中，忠义是获得财富的最高道德伦理要求，不仁不义就是拥有了财富也是不被社会所接受和认可的。相比之下，文财神陶朱公范蠡知道的人并不是很多，其实陶朱公范蠡在中国历史上名气一点儿都不比关老爷差，中国四大美女之一西施的意中人就是范蠡。之所以把范蠡神话为财神爷，这与他的财富观有很大关系。

范蠡，春秋时期越国的政治家、军事家，辅助越王勾践20多年。在越国被吴国灭掉时，他随同越王勾践一同到吴国为奴，后又千方百计，助勾践复国，成为辅助勾践灭吴的第一谋臣，官拜上将军。

勾践复国之后，范蠡了解勾践是一个可以共患难但不能同安乐的人，于是急流勇退，毅然弃官而去。他首先到了齐国，被拜为相，但他退隐山林的决心已定，不久又辞官而去，到当时的商业中心——今天的山东定陶一带定居，自称朱公，人们称他陶朱公。他在这里既经营商业，又从事农业和牧业，很快就表现出了非凡的经商才能，成了大富翁。范蠡在创业中始终以诚信和仁义为经营的出发点，他从来不像一般商家那样精打细算，盘剥敛财，而是对合作者谦和礼让，对待雇工十分慷慨。遇到灾年减产，他就减免地租，同时开粥厂赈济灾民。在年初，他和一些农民、商人签订商品收购合约，到年底如果商品价格上涨，就按照市场现价收购，如果价格下跌，就严格履行合约价格。由于诚信和仁义，纵使千金散尽他之后又能很快取得商业上的成功。《史记·货殖列传》中记载了他的故事，并评价道："十九年之中三致千金，再分散与贫交疏昆弟。此所谓富好行其德者也。"

范蠡这种乐善好施回报社会的善举，更使他的经商之道和诚信仁义远近闻名，流传后世。正因为他仗义疏财，从事各种公益事业，因而获得"富好行其德"的美名，成为几千年来的商业楷模，史称"商圣"，所以被后人推崇为能带来财富的财神爷的化身。

范蠡"达则兼济天下，穷则独善其身"，可谓中国儒商的代表。在经商的过程中，他还带动黎民百姓一起致富，教会当地人民制陶和制酱技术，使许多百姓过上了富裕的生活。成为巨贾后，他认为财富是取之于民的，应该再回到社会中去，于是毅然将千金散了出去。

回望历史不禁要思今，把追求财富变为人生终极目标，为了追求财富不择手段，把诚信和道义丢在了一边，在拥有大量财富后，不仅没有社会责任感，反而变得更加贪婪，这样为富不仁，就会出现三聚氰胺、瘦肉精事件。现在社会上极少数人有仇富的心态，虽然有很多深层次的原因，但与有些富人的道德品行不高也有很大关系。获得财富是人生成功的一个方面，而运用财富以获得社会和民众的认可与爱戴，才是最大的成功。

我们的企业家到了应该反思的时候了，人生终极目标及人生的价值究竟是什么？范蠡两次入相，然后弃官从商，三次散尽千金，最后归隐山水之间成了一个"渔翁"，人生何等的潇洒和畅快淋漓。我们的企业家大多还是金钱的奴隶，没有把财富与回报民众和社会联系在一起。富了以后怎么办？这应该是我们的企业家所面临的一个大课题，不妨学学我们的范蠡财神爷！

范蠡不仅是一个商业理论家，创建了许多古典的商业理论，还是一个富了之后履行社会责任的典范，他的财富观值得我们每个企业家学习。我们在膜拜他祈求发财时，他已用自身的经历告诉了我们获取财富的秘诀。

第八章

从卓越到中庸

第一节
中国化管理理论的核心是中庸之道

中国化管理立足于国学根脉，以中国传统哲学思想和历史文化为依托，萃取儒家、道家、法家、兵家、墨家、佛家六家智慧，吸纳世界管理思想之精华，整合成一套适合中国自身特点的管理理论。中国管理智慧以儒家思想为核心，以道家思想为哲学来源，利用法家思想的方法论和兵家思想的优术，在墨家的文化基因的影响下，并佐以佛家思想的有益补充，将中国传统哲学的精华和要素予以系统化，将中国化管理推向了新的高度。

中国化管理理论提出了"以人为本、辩证治事、中庸和谐、道法自然"的管理理念，其中中庸是中国管理智慧的核心。"中庸"所蕴含的智慧对中国企业家来说尤为重要，它告诫我们，人要尊重自然的客观属性，不要走极端，不要违背宇宙间万物的规律。物极必反，恰到好处地从大局观出发，谋求行动体系和谐共处的状态，或朝达到此种状态的方向行进，遵循内在的发展规律，不要主观上为所欲为，与客观及自然规律相违背，才能成功。

在改革开放 40 多年里，有多少企业家及企业因为没有遵循客观规律，不顾中国社会的社会现实及文化背景只重视经济效益而导致了经营失败乃至企业消亡的。中国企业家一定要学习中国传统文化中的管理智慧，只有这样，中国企业才能走出一条真正属于自己的、适合自己的管理之路，也才能找到一条符合中国社会生态的成功之道。

不管是中国理念，还是西方标准，我们要达到的目标是使企业的管理有效，如果无效，管理就没有用了。而中国先锋企业的管理方法与众不同的地方，是能够结合中西方管理的精髓，以"中国理念 + 西方标准"的方式，将中国管理哲学科学化。

8.1.1 "中国理念"就是中庸之道

"中庸者，不偏之谓中，不易之谓庸。中者，天下之正道，庸者，天下之定理。"中庸的"中"，如"执两用中"的"中"。"中"的基本原则是适度，无过不及。追求中常之道，内外协调，保持平衡，不走极端，即所谓的"致中和""合内外之道"。

在对立的两极中间寻求比较适中的解决方案，既不要"过"也不要"不及"；既不要太"进"，也不要太"退"；既要"尊贤"也要"容众";可以"哀",但不能"伤";可以"怨",但不能"怒"。这些都是在两个极端之间寻求适中的方法,是一种辩证的思想。中庸不是折中,折中是一种无原则。孔子的中庸是一种原则,是反对过与不及,人与人的关系皆须遵守"礼"的原则。

中庸,就是要以人的内在要求为出发点的价值取舍为依据,顺应外部环境的基本规律,使内在要求在现有的外在环境与条件下,得到最适宜的、最恰当的实现。中庸所要坚持的是合于内在尺度和外在要求的正确道路,因此,坚持中庸不是一件容易的事情。把一件事情做得靠近某一端更容易一些,要把握好一个合适的"度",恰到好处,其实很难。中庸是一种思想方法,强调内心之"中"与外在之"节"的准确契合,以达到"和"的大功用;世间万物的"道"是相同的,追求中常之道,内外协调,保持平衡,不走极端,即"顺道"。

中国传统文化博大精深,中庸可以说是古代管理理论的精髓。对于中庸,应有正确的理解,它不是无原则的折中,而是"顺道",是强调做事的"度",无过不及。正确地理解中庸,会使企业战略策略的制定、实施达到一个完美的境界,对现代企业经营管理有非常现实的意义。

中国化管理模型是帮助企业建立和谐型及生命型组织,使企业最终达到内圣外王的基石。中庸之道是中国化管理模型的文化内核。

8.1.2　中国化管理之中庸之道模型

中国管理哲学包含了《易经》智慧和儒释道哲学的精髓。企业要想持续地发展和达到基业长青，必须遵循以下管理途径，中国化管理的中庸之道模型（见图 14）。

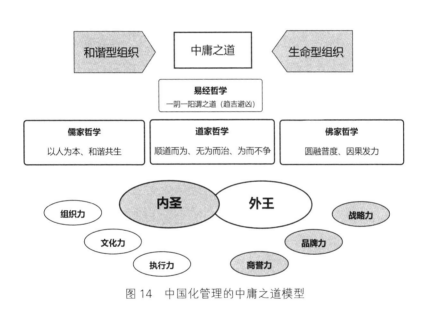

图 14　中国化管理的中庸之道模型

（1）"一阴一阳谓之道"是《易经》的核心思想。任何事物都有正反两个方面，阴阳平衡是生命活力的根本。阴阳双方消长转化保持协调，既不过分也不偏衰，呈现着一种协调的状态就是阴阳平衡。在一定范围、一定程度、一定限度、一定时间内进行的消长运动往往变化不显著，不易察觉，在总体上事物仍旧呈现出相对的稳定，此时就称作"平衡"。万物就在这种运动变化中，生生不息。所以在企业管理上一定要有阴阳平衡的理念，决策一定要多元思考，系统思维，力争达到各方和谐共生，这是企业持续发展的根本。

（2）中庸之道是儒家思想的根本。以人为本是儒家推崇中庸的原因。现代管理中，人是管理活动的主体，也是管理活动的客体，是一切管理活动的中心。任何管理活动的开展，最核心的都是管理好人。正因为如此，人本思想成为中西方管理思想发展的趋势所在。以人为本，尊重个人，管理好员工，使员工成为自动自发的行动主体，达到和谐共生的状态，这也是内圣外王的前提。

（3）道家中的顺道而为及无为而治也是企业实现内圣外王很重要的途径。符合社会、自然及自身的发展规律，就是顺道，企业"顺道"就不会盲目发展。无为而治、为而不争是管理的最高境界。就管理者来说，无为是指人适应自然、自觉服从客观规律的管理行为过程。道家的管理宗旨就是通过"无为"，最后到达"无不治"的管理效果。无为而治在管理实践中非常重要。为而不争也非常重要，企业家一定不能为名利而争，更不能为了自身的贪欲而争，这一点很重要。

（4）佛家思想讲究缘起及因果，佛教认为一切法皆是依因果之理而生成或灭坏的。因是能生，果是所生。而且，有因必有果，有果必有因。由因生果，因果历然。所以一分耕耘、一分收获，企业家一定要正人正己，有正确的财富观和价值观，

有利益社会及利益大众的发心，这样才能做到内圣外王，基业
长青。

中国化管理模型里运用的是"中国理念＋西方标准"，除
了运用中庸之道管理思想，还要应用西方管理科学在组织力、
文化力、执行力、战略力、品牌力、商誉力六个方面建立科学
的方案、流程和制度，这样才能实现企业的内圣外王及基业
长青。

8.1.3　中国化管理的十度修炼

中国改革开放 40 年来的经验和教训告诉中国企业及企业家，
企业管理既不能照搬西方企业的管理模式，也不能不讲求标准，
中国化的管理哲学必须与西方管理水乳交融。

纯粹地照搬西方企业的管理方式一定行不通。中国企业与
西方企业所面对的经营环境完全不同：在中国企业开始市场化
的时候，西方企业则开始全球化，管理方式也是针对全球化；
在中国企业开始全球化的时候，西方企业则开始面对未来。更
重要的是，中国企业面对的市场环境要复杂得多，发展速度又
非常之快，这些都是西方企业所没有经历过的。巨大的文化差
异和思维方式差异，也使很多西方企业优秀的管理方式在中国
企业中得不到预期的运用效果。

中国的传统文化，必将在中国企业的管理中发挥越来越重
要的作用。中国传统文化是中国人习惯和行为选择的依据，我

们平常所说的"社会经验"或者"潜规则",其实就是文化的一种外在表现。从价值层面来判断,中国传统文化中"求和"的思想,"内圣外王"的追求,"大丈夫"的气概,都会对企业管理产生良好的影响。而中国传统文化中的"服从""道德自律"等,也会提升企业的管理效率。中国先锋企业之所以能够领先,是因为在管理方法上都不约而同地具有相同特点——把中国理念与西方标准相结合。

华为就是中西管理融合的典型案例。《华为基本法》就是这个企业的标准和法则,在其中我们看到了华为管理层力图完善和达到的各种"标准",包括团队协作、科技创新、客户满意、人力资源培养、目标利润、快速反应、市场需求、资源最佳配置等。任正非非常重视"法"的制定,他说,"制定一个好的规则比不断批评员工的行为更有效,它能让大多数员工努力地分担你的工作、压力和责任。"《华为基本法》的措辞与任何法律、法规和法则都不同,每条都渗透着华为管理层与华为人的情感——不仅蕴涵管理层对企业的希望,更真实地反映了华为员工的真性情。我们在华为精神里看到了任正非的精神,同时,也看到了深深影响员工的是华为精神产生的巨大号召力——其中有企业家对所有员工的沉重承诺。

可以预见,在未来,越来越多的中国企业会将中国式管理与西方管理进一步融会贯通。实质上,中西管理融合的关键在于三个转变——从"以人为本"向"以执行为本"转变;从"岗位为本"向以"目标为本"转变；从"职能导向"向以"流程导向"转变。先进企业的探索充分证明：只有以中国的管理哲学严谨地实施西方的管理科学，才是中国企业的最佳管理之道。

具体而言，我们将"中国理念＋西方标准"的中国化管理理论，总结成"中国企业的十度修炼"（如图15所示）。

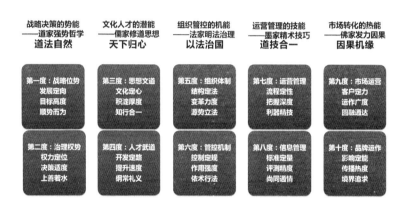

图15 "中国企业的十度修炼"

（1）道法自然——战略决策的势能与道家强势哲学的融合。这其中包括第一度修炼"战略位势"和第二度修炼"治理权势"。"战略位势"包括西方"发展定向""目标高度"与道家"顺势而为"思想的融合。"治理权势"包括西方"权力定位""决策适度"与道家"上善若水"思想的融合。

（2）天下归心——文化人才的潜能与儒家修道思想的融合。

这其中包括第三度修炼"思想文道"和第四度修炼"人才武道"。"思想文道"包括西方"文化定心"、"积淀厚度"与儒家"知行合一"思想的融合。"人才武道"包括西方"开发定路"、"提升速度"与儒家"纲常礼义"思想的融合。

（3）以法治国——组织管控的机能与法家明法治理的融合。这其中包括第五度修炼"组织体制"和第六度修炼"管控机制"。"组织体制"包括西方"结构定法"、"变革力度"与法家"源势立法"思想的融合。"管控机制"包括西方"控制定规"、"作用强度"与法家"依术行法"思想的融合。

（4）道技合——运营管理的技能与墨家精术技巧的融合。这其中包括第七度修炼"运营管理"和第八度修炼"信息管理"。"运营管理"包括西方"流程定性"、"把握深度"与墨家"利器精技"思想的融合。"信息管理"包括西方"标准定量"、"评测精度"与墨家"尚同通情"思想的融合。

（5）因果机缘——市场转化的热能与佛家发力因果的融合。这其中包括第九度修炼"市场运营"和第十度修炼"品牌运作"。"市场运营"包括西方"客户定力"、"运作广度"与佛家"圆融通达"思想的融合。"品牌运作"包括西方"影响定能"、"传播热度"与墨家"境界追求"思想的融合。

对中国化管理而言，追求卓越的企业就是追求中庸，即在西方科学管理、追求卓越的基础上，结合中国传统管理思想的精髓，融入"中庸"的管理思想。所以，中国化管理的最终目标就是"从卓越到中庸"！

第二节
西方"卓越管理"理论的缘起

卓越管理理念源于西方管理学家的一本书，这本书就是"后现代企业之父"汤姆·彼得斯（Tom Peters）所著的《追求卓越》。在这本书中，汤姆·彼得斯首先提出了卓越管理这个管理概念，汤姆·彼得斯认为美国企业成功的秘诀是追求卓越。

对于汤姆·彼得斯提出的卓越管理，有许多内容是针对产品及组织战略的，但他认为领导力是一个组织成功的关键。组织的高层领导应确定组织正确的发展方向和以顾客为中心的企业文化，并提出有挑战性的目标。组织的方向、价值观和目标应体现其利益相关方的需求，用于指导组织所有的活动和决策。高层领导应确保建立组织追求卓越的战略、管理系统、方法和激励机制，激励员工勇于奉献、成长、学习和创新。而汤姆·彼得斯所说的领导力其实与中庸管理有很大的相似性，他认为一定要在追求卓越的同时，处理好发展与体现公司价值观和社会价值之间的关系，其实这种平衡就是中庸管理所倡导的内外和谐的整体思维下的管理观。追求卓越其实一定要在以人为本的基础上才能取得成功。这其实就是中国中庸管理之道的精髓。

以研究组织信誉和领导伦理著称的林恩·夏普·佩因（Lynn Sharp Paine）在其《转向价值——卓越企业的表现》一书中提出：衡量企业管理业绩的最新标准正在"公司世界"里加速形成，这一全新标准就是有机整合了道德与财务业绩两个维度的"卓越"标准。为了在新标准下生存，企业不仅要有优异的财务业绩，而且必须在处理与员工、客户及社会的关系方面显示出道德智慧。卓越型企业就是那些能够同时满足社会期望和财务期望的企业。因此，管理之卓越并不仅仅在于优异的经济成果，还在于具备高尚的伦理道德品性。这种经济成果与伦理道德的关系其实是追求卓越的主要涵义，它不仅要求企业经济效益达到卓越，而且管理伦理也要达到卓越，这与中庸管理思想不谋而合。①

第三节
卓越与中庸的辩证统一

无论是西方的追求卓越，还是我们的追求中庸，这二者既有不同的内涵，但也有相同的地方。

在《追求卓越》中，汤姆·彼得斯通过其"永久性革命"的理论，向企业界阐述了如何在一个变化无常的世界中求得生

---

① 龚天平：《追求卓越：现代西方管理理论的走向》，《国外社会科学》2004年第6期。

存和成功的道路。他的核心理念是：企业管理根本不存在一般的模式，即使有也不是成功的标志，因为企业的成长不可能总是一成不变的，如果按照昨日已有的模式运转，那么今天则很可能要失败。当然，管理并非无理可循，它也有一定的规则与原理，但正如有人所说：管理如下棋，管理的规则和范例如棋谱，分析棋谱绝对对棋艺的精进有帮助，但是棋谱不可能重复，一旦自己置身于问题的迷阵之中，解决的方法便没有现成的规则可循了。所以，原则自然要信守，但应用时就要随机应变，而且要明白，没有任何东西是可以永恒不变的。这个世界上根本没有什么"最好的"的管理模式，任何拘泥于书本和信条的人都是傻瓜，难免遭遇失败的命运。这个思想恰好与中庸之道的"顺势而为"不谋而合。

中庸"去其两端，取其中而用之"的思想，告诫管理者一定要去除偏激，选择企业正确的发展道路。在选择过程中，管理者一定要守善持中，坚定"一以贯之"的信念，要追求现实真理性，只有这样企业才能在不断变革的社会中永续发展。

"中庸之道"告诉企业家要注意三点，第一，做任何事情要有度，不要走极端；第二，把握好矛盾双方，保持矛盾双方的统一协调，从事物对立的两面找到解决问题的答案，不偏不倚；第三，掌握好灵活多变的原则，要在事物的变化中看待问题，将遇到的事情放在当时的政策、形势、状态下来处理。这样企业才能走向卓越。

汤姆·彼得斯还在《追求卓越》中提出卓越管理的 8 条基本原理。这是企业管理的方法论，是企业管理"器"的层面。汤姆·彼得斯也只是论述了在美国社会和文化下企业应该做的事情。汤姆·彼得斯的理论也值得中国企业借鉴。但在中国文化背景下，如果只按汤姆·彼得斯的理论去管理企业，企业走向卓越是远远不够的。而中庸管理之道不仅包含了汤姆·彼得斯的管理理念，还从'道'的层面论述了企业走向卓越的路径的思想来源。

中庸之道不是直接的管理技巧与策略，而首先是一种宇宙之道与人生智慧。《周易》上说："形而上者谓之道，形而下者谓之器"，中国传统哲学智慧与西方管理科学可谓是一种道器关系。西方的科学流程化管理只是管理中"器"的部分，而中国传统哲学智慧才是管理中的"道"。在管理中不能没有"器"，没有"器"，管理就成了空中楼阁，但只有"器"也不行，必须要有"道"的管理思维和理念，只有懂得管理之"道"，才能用好管理之"器"。从某种意义上讲，管理之"道"比管理之"器"更加重要。

中庸之道作为中国管理哲学的"道"，比卓越管理之"器"高出一个层次。中国企业在学习西方卓越管理之"器"的基础上，还要从中庸之"道"出发，研究中国文化中的管理智慧，为中国企业超越自我、完善发展提供理论基石。总而言之，从本质上讲，在中国，企业缺失中庸文化底蕴，企业管理则不可能达到卓越。卓越管理所呈现的是"管理之象",而中庸是"管理之道"。

第四节
追求卓越一定要以中庸为本

中西方企业的最终目标是相同的,都是为了实现企业的基业长青,但在不同文化背景下呈现的管理方式不同。在中国文化的情景下,企业在追求卓越管理的时候一定要以中庸理念为本。这样企业才能真正做到卓越,否则盲目地无原则地追求卓越,可能会使企业不仅没有做到卓越,反而走向衰败。

西方的卓越管理虽然在领导力等许多方面的理念与中国的中庸思想有许多相似的地方,但是卓越管理毕竟是在西方文化下产生的,其许多理论其实是带有强力的逐利色彩的。它的许多管理思想其实不太适合中国及中国企业,卓越管理从字面上理解也与中国传统哲学相违背。中国哲学追求"一阴一阳"的平衡,讲任何事物都要遵循其本质发展规律,否则过犹而不及。我们前面讲的日本的法师旅馆之所以能延续一千多年,主要是它杜绝了所谓的追求卓越,而是在不同的历史时期,都考虑到了与社会及自然和谐相处。法师旅馆在企业规模及盈利上并没有达到卓越,但寿命是最长的。一个企业是把利益放在第一位,还是把可持续发展放在首位，还是二者兼顾？很显然二者兼顾是最好的，它其实就是中庸理念。所以我们倡导中庸，并不是反对企业走向卓越，但是如果一味地去追求卓越，可能会使企业的寿命大大缩短，古今中外这样的案例举不胜举。我们可以把卓越理解成所谓最好，我追求最好难道不对吗？但是什么样的企业最好？是最大，最挣钱，还是最受人尊敬，最长寿？这个答案很难界定。在西方管理学中，卓越管理当然是指企业利润最大化。我们知道西方管理思想过于推崇追求经济效益的功利主义，以致造成人伦情感的淡化、道德意识的淡薄、生态环境的破坏，使人类陷入了物质与精神的双重困境。所以，这样的卓越管理其实是不可取的。

在中国情景下，我们应该把西方所谓的"卓越管理"加以批判地学习，取其精华的同时，结合我们中国传统文化的中庸思想，达到最适合中国企业的管理水平。我们现在倡导的碳达峰及碳中和其实就是中庸理念中与自然和谐的理念的体现。

中国已成为世界第二大经济体，我们的发展已进入新时代，所以我们企业的发展模式和治理理念也要与之相适应。我们更应该注重企业、社会及自然三者之间的和谐，在追求经济效益的同时更应该考虑企业的可持续发展。中国企业太注重速度，因为速度，我们取得了举世瞩目的成就，但因为速度，我们也承受了太多的伤害和教训。城市为了建设速度而忽略了最基本的排水功能，结果一场雨就暴露了速度背后带来的严重问题。

因为速度，有的企业不是持之以恒地锻炼体魄，而是急功近利地跟风模仿，结果看似庞然，其实是"巨型肥胖症"。我们的企业遇上了改革开放的最好时候，遇上了前些年世界经济的强势复苏，遇到了中国的人口红利，我们的企业获得了很多的机遇，因为时势我们的部分企业成了"巨婴"。而我们靠创新、靠管理、靠科技变革发展的企业却凤毛麟角。在世界经济出现低迷和中国经济快速复苏的今天，这些肥胖企业的发展变得越来越困难。看似卓越，其实是肥胖，不是真正意义上的卓越。

从改革开放40多年的发展来看，中国经济将步入一个增速逐渐趋缓与结构调整加快的过程。加快变革和转型是中国企业实现可持续发展的必由之路。这是中国企业必须经历的一场质的革命，管理学大师、"现代管理之父"德鲁克曾经指出："未来，企业的竞争不是产品的竞争，也不是产品服务的竞争，而是商业模式的竞争。"这里的商业模式并不是简单的对市场的选择，而是对科技、创意、管理和企业文化四位一体的整合系统的选择。如何达到这四者的平衡，这就是中庸理念的核心所在。

管理及发展理念的改变对于中国企业及企业家来说，变得紧迫。我们通过40多年的管理实践，应该对我们的管理及发展理念有一个阶段性的总结，西方追求卓越的管理理论是否完全适合我们，如何找到与我们新时代发展相吻合的管理及发展模式及理论，是摆在我们每一个管理理论家及企业家面前的一个重要课题。作为世界第二大经济体，我们不仅要有优秀的企业，还要有优秀的管理理论，我们要为世界管理学做出中国人应有的贡献。东方哲学智慧是人类灿烂的文明的一部分，我们一定要将其实践于企业这一特定的组织中。当世界各国企业家争相谈论和学习中国化管理智慧时，中国企业将是全球化和世界化的公司楷模。

中国企业一定要有自己的管理路径与管理哲学，中国企业一定要有中庸思维下的中庸管理实践，追求卓越一定要以中庸为本。机遇和挑战并存，在世界产业格局以惊人的速度革新和经济动荡中，正是中国企业捕捉并把握未来的创新驱动力的最好时候，从西方的所谓"卓越管理"走向以中国文化精髓为基石的"中庸管理"势在必行。

案例：华为崛起的秘密——中庸管理之道

常人只看到任正非火爆的性格，偏执狂似的颠覆，刻骨铭心的超越，却不知道，偏离只是表象。真正活在他内心的，是一刻接一刻的回归，一刻接一刻的平衡。笔者认为，用走钢丝来比喻任正非的心迹再合适不过。

2002 年是世界通信行业十多年来挑战最为严峻的一年。这一年，华为中下层员工股权基本清理，同时按照员工等级实行股权期权制。华为错过了海外上市最佳时机。同年，任正非在《华为的冬天》一文中讲道："十年来我天天思考的都是失败，对成功视而不见，也没有什么荣誉感、自豪感，而是危机感。也许是这样才存活了下去。"

任正非一再告诫华为人要有居安思危的心态。在《谈干部队伍建设》中，他强调干部无论在顺境还是逆境中都要有一种使命感，要有宽广的胸怀、良好的道德品质、开阔的视野和结构性思维能力。2003 年 1 月，因思科对华为知识产权起诉风波，华为迅速撤回在美国的路由器。2 月，以任正非、孙亚芳、洪天峰等高层领导为首，公司总监级以上干部递交了 454 份自愿降薪 10% 的申请书。

任正非对华为人一再强调危机意识，这使得华为自上而下，任何时候都不敢松懈和怠慢，这是华为一直保持快速发展的内生力。

"管理的灰度"指导思想

任正非还有一个相对来说比较"温和"的指导思想——"管理的灰度"。他在 2010 年 1 月的华为内部讲话《宽容是领导成功之道》中充分阐述了这一理论。"灰度"指的是干部要有明确的方向感，要懂得宽容和妥协。他说："一个清晰方向，是在混沌中产生的，是从灰色中脱颖而出，方向是随时间与空间而变的，它常常又会变得不清晰，并不是非白即黑、非此即彼。合理地掌握合适的灰度，是使各种影响发展的因素，在一段时间和谐，这种和谐的过程叫妥协，这种和谐的结果叫灰度。"即要求华为各级干部要领悟妥协的艺术，学会对人、对事物的宽容，保持开放的心态，真正达到灰度的境界，才能在正确道路上走得更远，更扎实。

"管理的灰度"是任正非二十多年来对企业管理成功经验的积累与升华。他的"灰度"思维，核心点就是：妥协与宽容。中国传统文化中的"中庸之道"讲求的是做事不偏不倚，取折中之法。而任正非所讲的"妥协"其实是非常务实、通达权变的丛林智慧。凡是人性丛林里的智者，都懂得恰当时机接受别人妥协，或向别人提出妥协，妥协是实现职业化的必要途径。每个人在这样复杂的情势中，要保持足够的宽容、妥协或灰度。

任正非讲求的这种"妥协"并不是完全放弃原则，而是以退为进，通过适当的交换来确保目标的实现。他认为，"为了达到主要的目标，可以在次要的目标上做适当的让步。明智的妥协是一种让步的艺术，妥协也是一种美德，而掌握这种高超的艺术，是管理者的必备素质。"这就是他运用"灰度"思维来把握和指导自己的长期战略。

精确管理和灰度管理的相互平衡

根据管理对象的特性，我们可以把管理分为精确管理和灰度管理。精确管理是指管理中可以量化和固化的部分，比如，工作计划、效率、KPI等，还包括流程、制度等；除此之外管理中还有非常重要的一块，那就是灰色地带，这个地带是不能量化、不能固化的部分，或者说更多是依赖直觉和感性思维决策的部分，这就是灰度管理。

管理的艺术就体现在对灰度管理的运用上。如果一个企业没有精确管理，那这个企业的管理水平一定很低下。但一个企业不可能完全实现精确管理，否则员工和管理者都成了机器人，管理也将失去基本的人性化。因此，精确管理虽然很重要，但它替代不了灰度管理。灰色是黑和白中间的区域，它的存在表明事务不仅有白有黑，还有介入黑和白之间的中间状态，有着不同于黑和白的不同程度的灰色。对与错，是和非，这些不是绝对的，有时候很难在这两者之间做出判断和选择。这样特性的任务在实际工作中是经常遇见的，所以灰度管理是日常管理中需要经常面对的课题。

如果使用精确管理方式判断灰度管理的工作，很有可能出现决策上的失误和漏洞。比如，完全使用量化指标判断工作好坏和性质，在工作中太过依赖数据、流程和理性，把对与错绝对化，把公平也绝对化，这样会限制管理的空间，相反也产生了不精确管理的效果。灰度管理是在是非分明之间寻找一种两全其美的平衡点，这种寻求平衡点的过程就是让"是"与"非"、"对"与"错"之间相互吸收，相互取舍，相互融合，达到互相促进和相互作用的目的。

所以，灰度管理和精确管理并不矛盾，它们是管理艺术中的两个方面，很多情况下要使用精确管理，很多情况下又必须使用灰色管理。华为提倡的学习"灰度管理"也表明企业在不同的阶段需要有符合实际需要的管理方式。把精确管理和灰度管理相互结合起来，让精确管理极限地逼近灰度管理，同时让灰度管理构建精确管理的缓冲区，相互促进形成平衡。这就是"中庸之道"，中庸不是失去原则，而是在矛盾体中找到兼顾彼此的途径。

"七反对"原则

在长期战略制定上，现在很多企业都把"创新"当作一个重要的方向，但又有几家企业成功了呢？

任正非认为在管理改进中，要继续坚持遵循"七反对"原则：坚决反对完美主义；坚决反对烦琐哲学；坚决反对盲目的创新；坚决反对没有全局效益提升的局部优化；坚决反对没有全局观的干部主导变革；坚决反对没有业务实践经验的人参加变革；坚决反对没有充分论证的流程进行实际应用。他深知，"完美主义"会扼杀创新，"烦琐哲学"会让改进搁浅，"盲目创新"是自杀，"局部利益"是魔鬼，主政者"胸无全局"是自残，"空谈理论"是大忌，没有充分论证的流程是短命的。任正非在每一条都用了"坚决反对"这样的字眼，足见他对冒进的深恶痛绝。"七反对"原则是从一次次失败中，总结出的关于如何对待变革的精华。

在界定"灰度"上，任正非认为改良的积极作用大于变革。因此他不主张激变，而是主张谋定而后动。这让华为在发展进程上更趋稳健，尤其在后危机时期，对于多数中国企业具有指导意义。

任正非的"灰度管理"源自他企业管理成功经验的积累。他以开放、宽容为核心，阐释了企业在战略、发展创新、权力分配、管理尺度和原则诸多方面的问题，同时也解决了管理者在企业发展方向、创新能力、人才流失、原则和尺度的把握上遇到的困境。"灰度"不是简单地移植西方的管理理论，而是融汇中国传统的管理理念，结合中国企业的发展实况，用西方的方法使之标准化。它既具备西式管理的科学性和严谨性，又避免了"水土不服"的问题，符合中国企业的管理原则。